COLEÇÃO
Direito
PROCESSUAL
na Ordem
CONSTITUCIONAL

O cumprimento de penas privativas de liberdade em estabelecimento penal adequado

Possibilidades e limites de acordo com a Súmula vinculante nº 56

COLEÇÃO
Direito PROCESSUAL na Ordem CONSTITUCIONAL

Coordenadores
Luiz Rodrigues Wambier
Fábio L. Quintas
Georges Abboud

O cumprimento de penas privativas de liberdade em estabelecimento penal adequado

Possibilidades e limites de acordo com a Súmula vinculante nº 56

Monique de Siqueira Carvalho

2020

EDITORA *Jus*PODIVM
www.editorajuspodivm.com.br

EDITORA *Jus*PODIVM
www.editorajuspodivm.com.br

Rua Território Rio Branco, 87 – Pituba – CEP: 41830-530 – Salvador – Bahia
Tel: (71) 3045.9051
• Contato: https://www.editorajuspodivm.com.br/sac

Capa: Marcelo S. Brandão *(santibrando@gmail.com)*

C971 O Cumprimento de Penas Privativas de Liberdade em Estabelecimento Penal Adequado: Possibilidades e Limites de Acordo com a Súmula Vinculante Nº 56. / Monique de Siqueira Carvalho – Salvador: Editora JusPodivm, 2020.
224 p. (Direito Processual na Ordem Constitucional / coordenadores Luiz Rodrigues Wambier, Fábio L. Quintas, Georges Abboud)

Inclui bibliografia.
ISBN 978-85-442-3447-1.

1. Supremo Tribunal Federal (STF). 2. Direito penal. I. Carvalho, Monique de Siqueira. II. Wambier, Luiz Rodrigues. III. Quintas, Fábio L. IV. Abboud, Fábio Georges. V. Título.

CDD 341.4191

AGRADECIMENTOS

Ao meu pai (*in memoriam*). A mais difícil dedicatória, pois a saudade é eterna. Meu exemplo de como ser uma pessoa doce e firme ao mesmo tempo. Ele, que veio do interior de Afogados da Ingazeira, será que imaginaria que eu chegaria até aqui? Meu sonho era que ele pudesse acompanhar, fisicamente, as minhas conquistas. O que conforta é saber que um dia nos reencontraremos!

À minha mãe, meu exemplo de força, minha melhor amiga. Agradeço por toda paciência, todo amor e todo apoio, não só nesta empreitada, mas durante toda a minha vida.

Aos meus irmãos e sobrinhos que torceram e torcem verdadeiramente pelo meu sucesso pessoal e profissional.

Aos meus amigos e familiares que acompanharam mais de perto minha caminhada durante todo o Mestrado. Aqui, as minhas sinceras desculpas por todas as vezes que não pude comparecer aos encontros em razão dos estudos.

Ao meu orientador, por todos os ensinamentos e todo auxílio nessa caminhada acadêmica.

Ao meu amor, meu marido e parceiro de vida. Agradecimento mais que especial àquele que me proporcionou todo o suporte para que eu pudesse concluir com tranquilidade o Mestrado. Obrigada por me colocar no eixo nos momentos de tensão e obrigada por sempre acreditar e incentivar meu crescimento profissional.

E um agradecimento muito carinhoso ao meu filhote, que no desenvolvimento deste livro era um bebezinho que crescia no meu ventre. Hoje, Luís Antônio colore e alegra ainda mais a minha vida e a vida do pai.

APRESENTAÇÃO

O livro de Monique Carvalho, *O cumprimento de penas privativas de liberdade em estabelecimento penal adequado:* possibilidades e limites de acordo com a Súmula Vinculante nº 56, fruto de sua dissertação a qual tive o prazer de acompanhar desde a qualificação do projeto de pesquisa até a defesa final do trabalho, traz novas reflexões sobre o cumprimento da pena em estabelecimento penal digno e adequado como um direito fundamental a partir dos parâmetros firmados pelo Supremo Tribunal Federal no Recurso extraordinário nº 641.320 e Súmula vinculante nº 56.

Analisando decisões adotadas pelo Poder Judiciário para que o preso cumprisse pena em estabelecimento adequado ao regime, propôs verificar em que medida os tribunais de Justiça dos estados têm aplicado os pressupostos definidos pelo Supremo, além dos fundamentos teóricos e fáticos utilizados na construção de uma jurisprudência de base relacionada à súmula vinculante.

Durante a vigência da Constituição Federal de 1988, houve um incremento de 707% de encarceramento, chegando em 2017 a abrigar a terceira maior população prisional do mundo. Das pouco mais de 90 mil pessoas presas nos anos 1990, atingimos mais de 726 mil pessoas privadas de liberdade em 2017, sendo 40% delas em prisão provisória (PIRES, 2018). Mais da metade da população entre 18 a 29 anos, a maioria de pessoas negras, submetidas a condições absolutamente desumanas e degradantes como mesmo denunciam os homens e mulheres presos em cartas endereçadas ao Estado.[1] É nesta realidade aterradora e profundamente violenta que a obra de Monique Carvalho já justifica sua importância.

Mas como estudiosa dos meios utilizados pelos juristas para a produção de conhecimento jurídico, a pesquisa de Monique Carvalho me chamou atenção também em outro aspecto e nele centro esta apresentação.

São dois os tipos de pesquisas hegemônicas no Direito, identificados pela maior parte dos professores e alunos como os únicos existentes: as pesquisas doutrinárias e as filosóficas (COUTINHO, 2013). As pesquisas doutrinárias interpretam, organizam e reorganizam o Direito; constroem argumentos para garantir sistematicidade e integridade ao Direito, preferem classificações e taxonomias a mergulhos empíricos e aplicados; organizam institutos em categorias e, sobretudo, pretendem oferecer "respostas certas" e, não raro, definitivas para questões que não podem ficar sem resposta, normalmente problemas levados ao Judiciário. A principal ferramenta para esse tipo de pesquisa é a dogmática jurídica.

As pesquisas em Filosofia do Direito são aquelas que procuram dar uma resposta sobre "o que é o justo", sobre o que o Direito deve oferecer à sociedade, e procuram trabalhar com os grandes blocos e componentes do Direito, tentando relacioná-los, buscando esclarecer conceitos abstratos, como a noção de justo. Pressupõem debates teóricos, e não práticos, e defendem a prevalência de determinada explicação teórica como melhor que outra, de um determinado paradigma como superior a outro. Apontam inconsistências, problemas, sobretudo de natureza

1. O livro Vozes do Cárcere (PIRES; FREITAS; 2018) traz a íntegra de várias cartas redigidas por pessoas privadas de liberdade e endereças a diversas *autoridades* (presidente do STF, ministro da Justiça, presidente da República) em que denunciam a crueldade do cárcere, as situações de tortura, as condições degradantes das prisões brasileiras. Disponível em: https://www.jur.puc-rio.br/wp-content/uploads/2019/02/Vozes_do_carece.pdf. Acesso em 26 dez 2019.

argumentativa e lógica nas pesquisas teóricas ou filosóficas dos outros, dos autores interlocutores. As ferramentas desse tipo de pesquisa são argumentos teóricos, premissas filosóficas, raciocínios dedutivos e, eventualmente, o uso de exemplos para sustentar esse ou aquele argumento.

A pesquisa empírica em Direito subverte o campo hegemônico descrito, ao propor outra maneira de apreender o Direito, que passa pela coleta e análise sistemáticas de dados da realidade (social, política, cultural, econômica, institucional, etc.), um processo cognitivo informado ou mediado por instrumentos como pesquisas *survey*, entrevistas, observação direta ou participante, entre outras (SÁ e SILVA, 2016). A pesquisa empírica em Direito elege como objeto de pesquisa o *ser* antes de prescrever o *dever ser*, e seus objetos e métodos de trabalho são sensivelmente distintos daqueles da pesquisa jurídica tradicional.

A investigação empírica no Direito, portanto, é essencialmente coletiva e interdisciplinar, bem distinta da pesquisa bibliográfica individual de gabinete: em lugar da interpretação da norma, a pesquisa empírica investiga os meandros de sua produção e os efeitos de sua aplicação; em vez de discutir os limites da competência que as leis atribuem a cada órgão incumbido de poder público de decisão, investiga como esses órgãos e, principalmente, como os seus membros pensam e atuam em concreto; em vez de tentar buscar a norma em estado puro, conscientiza-se da relevância do contexto social em que ela opera (CUNHA; ALVES da SILVA, 2013).

A autora provocou-se a sair da zona confortável aos estudiosos do Direito que são reflexões sobre o *dever ser* da norma jurídica, lançando-se ao campo árido de levantamento e análise de decisões judiciais.

Mas o trabalho da autora não apresenta somente um bom levantamento das decisões judiciais sobre cumprimento da pena em estabelecimento penal digno e adequado. A atividade de pesquisa é o meio pelo qual se produz novo conhecimento, e outros pesquisadores e pesquisadoras apenas poderão reproduzir e confirmar determinado conhecimento se os procedimentos adotados pelo pesquisador e pesquisadora originais forem claramente identificados. A metodologia utilizada para se chegar a uma determinada conclusão é tão importante quanto a conclusão em si, pois aquela permitirá a confirmação desta e validará o conhecimento produzido (EPSTEIN; KING, 2013). Aí também reside a riqueza do livro: a clareza na exposição sobre o desenho da base de dados e dos caminhos utilizados para se depurar o volume das decisões localizadas demonstram a seriedade da autora como pesquisadora empírica.

O livro traz outro aspecto metodológico muito relevante para a pesquisa empírica que é a opção pelo estudo de caso, tão inadequadamente utilizado pelos estudantes de Direito quando não expõem os critérios e justificativas para a escolha de certos casos para análise. Por esta estratégia metodológica, é possível aprender a partir de um único caso e, por isso, o processo de escolha adquire uma importância particular, pois são as suas características que darão as condições de existência do objeto da pesquisa. Uma boa escolha e construção do caso não devem considerar apenas as suas especificidades, mas também a sua capacidade de servir de via de acesso a outros fenômenos ou aspectos da realidade (PIRES, 2008).

As justificativas da autora respeitam solidamente estes critérios ao delimitar sua análise às decisões dos tribunais do Rio Grande do Sul (pelo fato do recurso paradigma da Súmula Vinculante nº 56 ter se originado neste estado), Tocantins (tribunal da região norte do país com a maior quantidade de decisões relativas ao tema da súmula em análise e estado em que houve maior crescimento da população prisional entre 2005 e 2014), Ceará (estado do Nordeste com maior número de decisões que abordaram a súmula, além de ter a maior população de presos provisórios em 2016), São Paulo (a maior população prisional do país) e Distrito Federal (estado do Centro-Oeste com maior número de decisões que abordaram a súmula em estudo e elevada taxa de aprisionamento).

Mostrou muito bem a autora que a possibilidade de contribuição no campo analítico-teórico não tem relação direta com a quantidade ou o caráter representativo dos casos (MACHADO, 2013). Importa mais a capacidade do pesquisador e da pesquisadora em explorar o campo e expor os meios e critérios para fazê-lo e, sobretudo, refletir sobre os dados a partir da teoria para apresentar novas proposições e lançar outros questionamentos. O trabalho da autora também se sobressai nesse aspecto ao apresentar a formulação da jurisprudência de base de cada tribunal estudado e analisar a principal discussão jurídica trazida pelas decisões.

O momento é de fertilidade para a pesquisa empírica do Direito no Brasil (SÁ e SILVA; 2016) e espero que os leitores e leitoras da obra de Monique Carvalho estimulem-se a pesquisar empiricamente, tomando seu trabalho como um belo exemplar.

Luciana Silva Garcia

Doutora em Direito - Advogada

REFERÊNCIAS

COUTINHO, Diogo R. Inovação dos métodos de pesquisa em Direito e renovação da produção científica. In: CUNHA, Alexandre dos Santos; ALVES DA SILVA, Paulo Eduardo (coord.). **Pesquisa empírica em Direito**. Rio de Janeiro: Ipea, 2013.

CUNHA, Alexandre dos Santos; ALVES DA SILVA, Paulo Eduardo (coord.). **Pesquisa empírica em Direito**. Rio de Janeiro: Ipea, 2013.

EPSTEIN, Lee; KING, Gary. **Pesquisa empírica em Direito:** as regras de inferência. São Paulo: Direito GV, 2013.

MACHADO, Maíra Rocha. Contra a departamentalização do saber jurídico: a contribuição dos estudos de caso para o campo do Direito e Desenvolvimento. In: SILVEIRA, Vladmir Oliveira da; SANCHES, Samyra Naspolini;

COUTO, Monia Benetti (orgs). **Direito e desenvolvimento no Brasil do século XXI**. Brasília: IPEA, CONPEDI, 2013.

PIRES, Álvaro P. Amostragem e pesquisa qualitativa: considerações epistemológicas, teóricas e metodológicas. In: Poupart, J.; Deslauriers, J. P.; Groulx, L. H.; Laperrière, A; Moyer, R.; Pires, A. P. **Pesquisa Qualitativa. Enfoques epistemológicos e metodológicos.** Petrópolis: Vozes, 2008.

PIRES, Thula. Cartas do Cárcere: testemunhos políticos dos limites do Estado Democrático de Direito. In: PIRES; Thula; FREITAS, Felipe. **Vozes do cárcere: ecos da resistência política.** Rio de Janeiro: Kitabu, 2018.

SÁ E SILVA, Fábio. Vetores, desafios e apostas possíveis na pesquisa empírica em Direito no Brasil. **Revista de Estudos Empíricos em Direito 24.** Brazilian Journal of Empirical Legal Studies vol. 3, n. 1, p. 24-53, jan. 2016.

PREFÁCIO

Para que se assegure, no âmbito da execução penal, a efetividade de garantias constitucionais como a individualização da pena (art. 5º, XLVI, CF/88) e a legalidade (art. 5º, XXXIX, CF/88), faz-se necessário observar a realidade brasileira, tendo-se em mente que o sistema progressivo de cumprimento de penas não está funcionando como deveria.

O cruzamento das estatísticas sobre a execução penal do Ministério da Justiça e do Conselho Nacional de Justiça (CNJ) revela que as vagas estão muito aquém da demanda e não são distribuídas uniformemente no território brasileiro. Dados recentes demonstravam que, apesar de a lei prever três degraus da progressão (regimes fechado, semiaberto e aberto), o último simplesmente não existia em mais da metade do país.

Agregue-se a isso a carência de estabelecimentos adequados aos regimes, conforme previsão legal. O Código Penal prevê como adequado ao regime semiaberto a "colônia agrícola, industrial ou estabelecimento similar", e ao regime aberto "casa de albergado ou estabelecimento adequado". No entanto, na prática, esses modelos de estabelecimento foram abandonados e, muito mais grave, os presos dos regimes semiaberto e aberto acabavam sendo mantidos nos mesmos estabelecimentos que os presos em regime fechado e provisórios.

A falta de estabelecimento penal adequado não autoriza a manutenção do condenado em regime prisional mais gravoso. Dessa forma, em face dessa realidade e de acordo com o atual sistema de regime progressivo, a inobservância do direito à progressão de regime, mediante manutenção do condenado em regime mais gravoso, viola o direito à individualização da pena.

Ademais, como a legislação brasileira prevê esse sistema progressivo de cumprimento de penas, a violação ao princípio da legalidade demonstra-se ainda mais evidente. O condenado possui o direito a ser inserido em um regime inicial compatível com o título condenatório e a progredir de regime de acordo com o que dispõe a legislação, sendo a manutenção do condenado em regime mais gravoso um flagrante excesso de execução, uma vez que as penas devem ser previamente cominadas em lei.

Destaque-se que é rechaçável qualquer possibilidade de ponderar os direitos dos condenados à individualização da pena e à execução da pena de acordo com a lei com interesses da sociedade na manutenção da segurança pública, haja vista que a aplicação de penas corporais em nome da segurança pública só se justifica com a observância de estrita legalidade.

Nesse particular, o presente estudo, brilhantemente conduzido pela autora Monique de Siqueira Carvalho, a quem tive a oportunidade de orientar no Programa de Mestrado do IDP, traz importantes conclusões empíricas, que nos permitem refletir que não se pode ponderar o interesse da segurança pública com os direitos à individualização da pena e à legalidade, sem se considerar que os presos também são pessoas, dotadas de imanente dignidade.

A presente obra destrincha o julgamento do RE 641.320, do qual originou a importante Súmula Vinculante nº 56, que passou a assegurar a observância de parâmetros impositivos que vedam a manutenção do condenado em regime prisional mais gravoso. Em seguida, a fim de se analisar a repercussão desse recente julgado, a autora traz resultados concretos acerca do cumprimento da referida súmula nos Tribunais de Justiça brasileiros. Desses levantamentos, foram originados importantes dados, que certamente merecem atenção para a melhoria do nosso sistema de execução de pena.

Como bem destacado no decorrer da obra, não se trata de uma solução simples, tampouco célere. À vista disso, requer-se o incessante enfrentamento da realidade, pois o cenário de superlotação carcerária no Brasil é atual e demanda estudos como este.

Desejo a todos uma proveitosa leitura!

Gilmar Ferreira Mendes

Ministro do Supremo Tribunal Federal.

SUMÁRIO

LISTA DE ABREVIATURAS E SIGLAS

ADPF – Arguição de Descumprimento de Preceito Fundamental

BNMP – Banco Nacional de Mandados de Prisão

CNJ – Conselho Nacional de Justiça

CP – Código Penal

DEPEN – Departamento Penitenciário

ECI – Estado de Coisas Inconstitucional

FUNPEN – Fundo Penitenciário Nacional

HC – *Habeas Corpus*

LEP – Lei de Execução Penal

RE – Recurso Extraordinário

STF – Supremo Tribunal Federal

TJCE – Tribunal de Justiça do Estado do Ceará

TJDFT – Tribunal de Justiça do Distrito Federal e Territórios

TJSP – Tribunal de Justiça de Estado de São Paulo

TJTO – Tribunal de Justiça do Estado do Tocantins

TJRS – Tribunal de Justiça do Estado do Rio Grande do Sul

LISTA DE TABELAS, QUADRO E GRÁFICOS

TABELAS

GRÁFICOS

TABELAS DO ANEXO 1

TABELAS DO ANEXO 2

INTRODUÇÃO

Ao longo das últimas décadas, o fenômeno da superlotação carcerária no Brasil tem sido um dos temas mais debatidos e controversos no âmbito da ciência jurídica. As graves e recorrentes crises em presídios expõem de forma dramática o descompasso entre os mandamentos legais relacionados ao cumprimento de penas e a prática da execução penal no Brasil. Recentemente, por exemplo, vários foram os relatos de rebeliões[1], proliferação de doenças[2], fuga de detentos[3] e morte de apenados dentro de diversos presídios do país[4].

1. Como exemplo de rebeliões, pode-se citar a ocorrida na cidade de Lucélia/SP, em 2016. Conferir reportagem *"Presos incendeiam colchões e fazem rebelião em penitenciária de Lucelia"*. Publicada em 26 de abril de 2018. Disponível em <https://sao-paulo.estadao.com.br/noticias/geral,presos-incendeiam-colchoes-e-fazem-rebeliao-em-penitenciaria-de-lucelia,70002285263>. Acesso em: 5 de maio de 2018.

2. A incidência de tuberculose em presos foi noticiada pelo jornal O Globo. Conferir reportagem *"Incidência de tuberculose em presos é 30 vezes maior do que a população geral"*. Publicada em 30 de março de 2018. Disponível em <https://oglobo.globo.com/sociedade/saude/incidencia-de-tuberculose-em-presos-30-vezes-maior-do-que-na-populacao-geral-22540362>. Acesso em: 5 de maio de 2018.

3. A evasão de 200 presos no Ceará foi destacada pelo portal Globo. Conferir reportagem *"Presos fazem fuga em massa em presídio recém-inaugurado no Ceará"*. Publicada em 13 de abril de 2018. Disponível em <https://g1.globo.com/ce/ceara/noticia/presos-fazem-fuga-em-massa-de-presidio-de-presidio-recem-inaugurado-no-ceara.ghtml>. Acesso em: 5 de maio de 2018.

4. Detalhes sobre a morte de 60 detentos em presídio do Amazonas foram registrados pela EBC. Conferir reportagem *"Entenda a crise no sistema prisional brasileiro"*.

Entre as inúmeras perspectivas de investigação científica do problema carcerário brasileiro[5], este livro busca aportar novas reflexões ao debate geral sobre execução penal e, de forma específica, sobre o direito fundamental ao cumprimento de pena em estabelecimento penal digno e adequado à luz dos novos parâmetros estabelecidos pelo Supremo Tribunal Federal no Recurso Extraordinário nº 641.320, que, por sua vez, deu origem à Súmula Vinculante nº 56.

Nesse julgamento, o STF enfrentou a discussão sobre a falta de estabelecimento adequado para o recolhimento dos presos e consolidou o seguinte entendimento na Súmula Vinculante nº 56: *a falta de estabelecimento adequado não autoriza a manutenção do condenado em regime prisional mais gravoso, devendo-se observar, nessa hipótese, os parâmetros fixados no RE 641.320.*

Ao reconhecer a incompatibilidade entre a execução penal prevista na legislação e a prática da execução penal no Brasil, a Súmula Vinculante nº 56 coloca-se como importante alternativa no sentido de estabelecer o direito fundamental a um estabelecimento penal digno e adequado como parâmetro da prática da execução penal e, consequentemente, impõe à pesquisa jurídica o dever de investigar seus limites e possibilidades de efetiva aplicação.

Em relação aos apenados que cumprem pena em regime semiaberto, o STF prescreveu os seguintes parâmetros de atuação

---

Publicada em: Disponível em: <http://www.ebc.com.br/especiais/entenda-crise--no-sistema-prisional-brasileiro>. 31 maio. 2018.

5. Como exemplos recentes de teses e dissertações atuais sobre a superlotação carcerária, cita-se SOARES E SOUZA, Taiguara Libano. A era do grande encarceramento. Tortura e superlotação prisional no Rio de Janeiro. Publicada em setembro de 2015. Tese de Doutorado; OLIVEIRA. Márcia de Freitas. O Princípio da Humanidade das Penas e o Alcance da proibição de Penas Cruéis. Publicada em 2014; NASCIMENTO. Priscila Cunha. A judicialização do direito fundamental a um cárcere digno: reserva do possível versus efetividade. Publicada em 2013. Dissertação de Mestrado; PEREIRA, Alexandre. O Estado e o Direito de Punir. Publicada em 2006. Dissertação de Mestrado.

ao Poder Judiciário para evitar a manutenção de condenado em regime prisional mais gravoso: i) *os juízes da execução penal poderão avaliar os estabelecimentos destinados aos regimes semiaberto e aberto, para qualificação como adequados a tais regimes. No entanto, não deverá haver alojamento conjunto de presos dos regimes semiaberto e aberto com presos do regime fechado* e; (ii) *havendo déficit de vagas, deverão ser determinadas a saída antecipada de sentenciado no regime com falta de vagas; a liberdade eletronicamente monitorada ao sentenciado que sai antecipadamente ou é posto em prisão domiciliar por falta de vagas.*

É nesse cenário que está inserida esta obra, que propõe como problema de pesquisa investigar: (i) em que medida os Tribunais de Justiça dos Estados têm aplicado os pressupostos do Recurso Extraordinário nº 641.320; (ii) os fundamentos teóricos e fáticos utilizados pelas instâncias ordinárias na construção de uma jurisprudência de base relacionada à Súmula Vinculante nº 56.

E, considerando o caráter vinculante da Súmula, que prescreve que *a falta de estabelecimento penal adequado não autoriza a manutenção de condenado em regime mais gravoso*, esta pesquisa investiga duas hipóteses. A primeira hipótese é a de que os Tribunais de Justiça dos Estados têm atuado para atender aos pressupostos do Recurso Extraordinário nº 641.320. E, com base nos parâmetros previstos pelo STF, propõe como segunda hipótese a ideia de que a possibilidade de saída antecipada não tem sido concedida de forma predominante pelos Tribunais de Justiça dos Estados.

Como ponto de partida para essa investigação, deve-se destacar que a Constituição Federal de 1988 consagra importantes dispositivos de natureza penal que buscam conferir proteção aos cidadãos em relação a excessos e modalidades degradantes de pena. Tem-se, nesse sentido, os princípios da humanidade, da dignidade da pessoa humana, da legalidade e o da individualização da pena.

Alinhado com esse arcabouço constitucional, o sistema penal brasileiro adota o método progressivo para o cumprimento de pena privativa de liberdade. Isso significa que, quando cumprido os requisitos legais estabelecidos no Código Penal, deve haver a transferência do apenado do regime mais gravoso para o menos gravoso, ou seja, progressivamente do fechado para o semiaberto e do semiaberto para o aberto.[6]

Não obstante a existência de um quadro jurídico-normativo da execução da pena que contempla valores importantes de proteção da dignidade e de ressocialização do apenado, fato é que a realidade de insuficiência de vagas em estabelecimentos adequados para cumprimento de penas nos regimes semiaberto e aberto[7] tem inviabilizado a materialização desses mandamentos legais[8]. Consequentemente, os sentenciados são mantidos em estabelecimentos de regime fechado ou em locais destinados aos presos provisórios, mesmo que já tenham cumprido os requisitos legais para a progressão de regime, em nítida afronta aos princípios constitucionais relacionados à execução da pena.

Para discutir e avaliar essas questões, este livro organiza-se em três capítulos.

O primeiro capítulo apresenta os principais debates teóricos na literatura especializada sobre o direito fundamental a um estabelecimento penal digno e adequado como parâmetro para execução da pena. Nessa parte, são contextualizadas discussões relacionadas: (i) às finalidades e funções da pena, em especial da pena privativa de liberdade; (ii) ao desenvolvimento histórico-social dos

---

6. BRASIL. Decreto Lei n. 2.848, de 7 de dezembro de 1940. **Código Penal.**

7. Dados do Departamento Penitenciário Nacional, apresentado em 2017: Regime semiaberto: 111.176 presos e 65.580 vagas. Aberto: 42.527 presos e 5.560 vagas. Regime fechado 276.471 presos e 171.664 vagas.

8. O ***déficit*** de vagas não é exclusivo dos regimes semiaberto e aberto, manifestando-se também no âmbito do regime fechado. Os dados referentes aos déficits de cada regime serão apresentados no capítulo 2 desta obra.

estabelecimentos prisionais e; (iii) aos princípios fundamentais da execução penal, em especial a dignidade da pessoa humana, a humanidade, a legalidade e a individualização da pena.

O segundo capítulo investiga como o Supremo Tribunal Federal tem se debruçado sobre a questão da superlotação dos presídios brasileiros, a partir da análise de julgados emblemáticos[9], em especial o Recurso Extraordinário nº 641.320, que deu origem à Súmula Vinculante nº 56[10]. O objetivo desse capítulo é apresentar a multidimensionalidade e complexidade dos problemas que perpassam os sistemas de justiça criminal e de administração penitenciária no Brasil.

Na sequência, o terceiro capítulo investiga (i) quais têm sido as soluções adotadas pelo Poder Judiciário para que o preso cumpra pena em estabelecimento adequado ao regime, à luz dos parâmetros fixados pelo STF no RE nº 641.320 e; (ii) quais fundamentos teóricos e fáticos têm sido mobilizados na construção dessa jurisprudência de base pelas instâncias ordinárias. O objetivo desse capítulo é verificar se a jurisprudência dos Tribunais está alinhada com os preceitos da Súmula Vinculante nº 56 e, consequentemente, se os magistrados têm atuado no sentido de garantir o cumprimento da pena em estabelecimento penal digno e adequado. Para tanto, propõe estudos de casos dos Tribunais de Justiça dos Estados

9. Foram analisados também os seguintes processos: a Arguição de Descumprimento de Preceito Fundamental nº 347, o Recurso Extraordinário nº 592.581/RS e o Recurso Extraordinário nº 580.252/MS

10. Além da Súmula Vinculante nº 56, este livro contextualizará outros julgados históricos relacionados à questão da superlotação carcerária, quais sejam: (i) a Arguição de Descumprimento de Preceito Fundamental nº 347, que reconheceu o Estado de Coisas Inconstitucional do sistema penitenciário brasileiro; (ii) o Recurso Extraordinário nº 592.581, que determinou que o Poder Executivo realize obras públicas nos estabelecimentos prisionais; (iii) o Recurso Extraordinário nº 580.252, que assentou a responsabilidade civil do Estado por danos causados aos presos em decorrência da superlotação carcerária e a necessidade de reparar-se o dano moral.

de Rio Grande do Sul (TJRS), Tocantins (TJTO), Ceará (TJCE), São Paulo (TJSP) e Distrito Federal e Territórios (TJDFT)[11].

Frente ao exposto, pode-se afirmar que um dos principais objetivos desta obra é identificar e avaliar criticamente o desenvolvimento da jurisprudência nos Tribunais de Justiça, desde a edição da citada Súmula Vinculante nº 56, no tocante à manutenção ou não de sentenciado em regime mais gravoso. Com isso, espera-se desenvolver um esquema analítico-interpretativo dos principais impactos da Súmula no âmbito dos Tribunais de Justiça dos Estados.

Antes de avançarmos às reflexões e análises deste livro, pondera-se que, em razão da gravidade dos problemas dos presídios brasileiros, não se pretende, com esta pesquisa, apresentar soluções para as complexas falhas do sistema penitenciário, ou mesmo apresentar sugestões que procurem prescrever se os juízes devem, ou não, determinar a concessão de saída antecipada. Procura-se, antes disso, compreender se as perspectivas teóricas e as possibilidades fáticas do direito fundamental ao cumprimento digno das penas privativas de liberdade, sedimentadas na Súmula Vinculante nº 56, têm sido recepcionadas pela prática da execução penal brasileira.

---

11. Os Tribunais foram selecionados, em sentido amplo, em razão da quantidade de decisões localizadas nos sítios eletrônicos dos Tribunais de Justiça estaduais. Em sentido restrito, foram escolhidos em razão das seguintes características: (i) Tribunal de Justiça do Estado do Rio Grande do Sul (TJRS), por ser o Estado de onde adveio o recurso paradigma da Súmula Vinculante 56; (ii) Tribunal de Justiça do Estado do Tocantins (TJTO), tendo em vista ser o Estado do País que houve maior crescimento da população prisional entre 2005 e 2014; (iii) Tribunal de Justiça do Estado do Ceará (TJCE), considerando ser este o Estado com a maior quantidade de presos provisórios do Brasil; (iv) Tribunal de Justiça do Estado de São Paulo (TJSP), por ser o Estado que comporta mais de 1/3 da população carcerária brasileira; (v) Tribunal de Justiça do Distrito Federal e Territórios (TJDFT) por possuir taxa de aprisionamento quase igual à do Estado de São Paulo.

1

REFERENCIAL TEÓRICO

Esta obra está inserida em um amplo campo teórico que compreende o direito fundamental a um estabelecimento penal digno e adequado como parâmetro da execução penal. Considerando a finalidade deste estudo, este capítulo propõe uma análise dos principais debates teóricos relacionados à pena privativa de liberdade e sua origem, às finalidades da pena e às disposições constitucionais relacionadas aos direitos e deveres do preso no âmbito da execução penal.

Como ponto de partida teórico para a compreensão do direito fundamental a um estabelecimento digno e adequado como parâmetro da execução penal, tem-se o debate acerca das finalidades e das funções da pena.

Em sede doutrinária, Claus Roxin propõe a reflexão sobre a finalidade da sanção de natureza penal a partir de três interpretações teóricas concorrentes: (i) teoria da redistribuição; (ii) teoria da prevenção e; (iii) teoria mista (ROXIN, 1997, p. 81-103). Conforme o jurista alemão, enquanto a teoria redistributiva não atribui nenhuma finalidade social à pena, justificando-a apenas como uma forma retribuição merecida do mal causado pelo autor do delito, a teoria preventiva atribui à punição a finalidade de prevenir/reduzir delitos futuros[1]. Por sua vez, esclarece que a teoria mista reconhece a retribuição e a prevenção como finalidades da pena que devem ser perseguidas simultaneamente.

Nesse debate, Luigi Ferrajoli atribui à lei penal a função de prevenir, através da parte proibitiva, o delito e, mediante a parte punitiva, a incerteza e a desproporcionalidade que se manifestariam no exercício da vingança:

> Tanto o delito como a vingança constituem exercício das próprias razões. Em ambos os casos ocorre um violento conflito solucionado mediante o uso da força: da força do réu, no primeiro caso; da força do ofendido, no segundo. E, em ambos os casos, a força é arbitrária e incontrolada não apenas, como é óbvio, na ofensa, mas, também, na vingança, que é, por natureza, incerta, desproporcional, desregulada, e, às vezes, dirigida contra um inocente. A lei penal é voltada a minimizar esta dupla violência, prevenindo, através da sua parte proibitiva, o exercício das próprias razões que o delito expressa, e, mediante a sua parte punitiva, o exercício das próprias razões que a vingança e outras possíveis reações informais expressam (FERRAJOLI, 2002, p. 270).

Em perspectiva crítica, Eugenio Raul Zaggaroni, Alejandro Alajia e Alejando Slokar propõem uma *teoria agnóstica ou negativa da pena*, pois compreendem o sistema penal como um mero fato/exercício de poder e, em decorrência disso, refutam a suposta racionalidade das diferentes teorias que buscam conferir alguma legitimação para a pena. De acordo com esses autores, a pena é uma coerção que impõe a privação de direitos sem reparar ou prevenir delitos:

> Incorporando las referencias ónticas es posible construir el concepto teniendo em cuenta que la pena es (a) una coerción, (b) que impone una privación de derechos o un dolor, (c) que

1. Em perspectiva semelhante, Adriano Teixeira afirma que as teorias retribucionistas olham para trás, enquanto as teorias preventivas olham para a frente (TEIXEIRA, 2015).

> no repara ni restituye y (d) ni tampoco detiene las lesiones en curso ni neutraliza los peligros inminentes. El concepto así enunciado se obtiene por exclusion: la pena es um ejercicio de poder que no tiene funcíon reparadora o restitutiva ni es coacción administrativa directa. Se trata de una coerción que impone privación de derechos o dolor, pero que no responde a los otros modelos de solución o prevención de conflictos (ZAFFARONI, SLOKAR, ALAGIA, 2002, p. 45-46).

Em relação especificamente à pena privativa de liberdade, Alceu Corrêa Junior e Sérgio Salomão Shecaira ensinam que, com o homem primitivo, a função da pena era reparatória. Essa pena poderia ser a perda de paz - que compunha o banimento - ou a vingança de sangue, relativa ao pagamento de dívida para com os deuses por meio da pena de morte. Assim, o castigo era empregado com crueldade, impactando o corpo e a vida do condenado, chegando, até mesmo aos corpos de seus familiares.

Com o desenvolvimento da sociedade[2] e a redução (e não a eliminação) do castigo aplicado com crueldade, foi na Idade Média que a pena capital começou a ser substituída pela privação de liberdade. A igreja, para penalizar os eclesiásticos, por exemplo, os punia com reclusão em celas ou internação em mosteiros (JUNIOR, SHECAIRA, 1995, p. 18-19).

Michel Foucault, ao explicar como surgiram as prisões, afirma que o suplício, posto em prática por meio do clamor de perdão à população, da humilhação pública e da festa de punição, do esquartejamento e da guilhotina - era a forma de condenação prevista no Século XVII. Declara que o objetivo de se acabar com os suplícios foi mais ou menos alcançado entre 1830 e 1848. A relativização desse tempo se dá tendo em vista que, em termos

2. A Lei Mosaica (Talião), prescreveu o princípio da justiça "olho por olho, dente por dente", em demonstração do início da aplicação da proporcionalidade da pena. Disponível no Código de Hamurabi de, aproximadamente, 1772.

globais, as transformações não ocorrem conjuntamente, tampouco em um processo único.

Mesmo ultrapassada a fase dos suplícios, até chegar-se à pena privativa de liberdade e o formato dos estabelecimentos penais atuais, Foucault declara que, a despeito do desaparecimento dessa forma cruel de punição[3], ainda é do corpo humano (como instrumento ou o intermediário da punição) que se fala. Prescreve que:

> [...] em nossas sociedades, os sistemas punitivos devem ser recolocados em uma certa "economia política" do corpo: ainda que não recorram a castigos violentos ou sangrentos, mesmo quando utilizam métodos "suaves" de trancar ou corrigir, é sempre do corpo que se trata – do corpo e de suas forças, da utilidade e da docilidade delas, de sua repartição e de sua submissão.
>
> [...] Mas, de modo geral, as práticas punitivas se tornaram pudicas. Não tocar mais o corpo, ou o mínimo possível, e para atingir nele algo que não é o corpo propriamente. Dir-se-á: a prisão, a reclusão, os trabalhos forçados, a servidão de forçados, a interdição de domicílio, a deportação – que parte tão importante tiveram nos sistemas penais modernos – são penas "físicas": com exceção da multa, se referem diretamente ao corpo. Mas a relação castigo-corpo não é idêntica ao que ela era nos suplícios. O corpo se encontra aí em posição de instrumento ou intermediário[...] (FOUCAULT, 2005, p. 10-20).

No Brasil, Alceu Corrêa Júnior e Salomão Shecaira sublinham, entre outras, a relevância da Constituição de 1824, que declarou expressamente o fim dos suplícios e das penas infamantes, e da Constituição Federal de 1988, que completou diversos princípios e garantias de Direito Penal (JUNIOR, SHECAIRA, 1995, p. 18).

3. "[...] em algumas dezenas de anos, desapareceu o corpo suplicado, esquartejado, amputado, marcado simbolicamente no rosto ou no ombro, exposto vivo ou morto, dado como espetáculo. Desapareceu o corpo como alvo principal da repressão penal. No fim do século XVIII e começo do XIX, a despeito de algumas grandes fogueiras, a melancolia da festa vai-se extinguindo". (FOUCAULT, 2005, p. 13)

Diante disso, entende-se que a manifestação dessas reflexões teóricas no âmbito do direito brasileiro deve ser analisada a partir da moldura definida pela Constituição Federal de 1988, que, segundo Luciano Feldens (2005, p. 61) é um dos exemplos mais eloquentes de incorporação constitucional de matérias atinentes ao Direito Penal, e das disposições presentes no Código Penal (Lei nº 2.848, de 07 de dezembro de 1940) e na Lei de Execução Penal (Lei nº 7.210, de 11 de julho de 1984).

Em relação às disposições penais previstas na Constituição de 1988, Alamiro Salvador Netto[4] afirma que os dispositivos de natureza penal não delimitam quais seriam as finalidades da pena no sistema penal brasileiro. Na realidade, o autor elucida que os dispositivos constitucionais de natureza penal têm uma preocupação predominantemente protetiva em relação a excessos e modalidades de pena:

> Como se sabe, a Constituição Federal estabeleceu nucleações a respeito do sistema de penas, com preocupação muito mais limitativa do que de proposição. Isto quer dizer que os dispositivos constitucionais destinam-se mais a conter excessos ou modalidades inaceitáveis de penas do que em postular de modo assertivo quais devem ser as reais finalidades alcançadas com as sanções (SALVADOR NETTO, 2008, p. 200).

As referências teóricas utilizadas ao longo da análise proposta neste livro derivam justamente dos direitos fundamentais constitucionais protetivos em relação a excessos e modalidades de pena, quais sejam: a obrigatoriedade constitucional da proteção penal da dignidade humana e da humanidade (artigos 1º, inciso III e artigo 5º, inciso III), o princípio da legalidade (artigo 5º, II),

4. Alamiro Salvador Netto aprofunda, ainda, as linhas de disputa doutrinária sobre as finalidades da pena no Brasil, a partir da obra de autores como Nelson Hungria, que postularia uma visão predominantemente retributiva, Frederico Marques, adepto das funções preventivas da pena, entre outros (SALVADOR NETTO, 2008, p. 203-204).

o princípio da individualização da pena (artigo 5º, inciso XLVI), as regras de cumprimento da pena (artigo 5º, inciso XLVIII) e o direito do preso à integridade física e moral dos presos (artigo 5º, inciso XLIX)[5].

Sobre a aplicação do princípio da humanidade no ordenamento jurídico brasileiro, Nilo Batista afirma que esse princípio está positivado de forma explícita na Constituição de 1998, que proíbe a tortura e o tratamento cruel ou degradante (artigo 5º, inciso III), penas de morte, cruéis ou perpétuas (artigo 5º, inciso XLVII) e estabelece a indispensabilidade da individualização e proporcionalização da pena (artigo 5º, inciso XLVII). Doutrinariamente, sustenta que, em virtude do princípio da humanidade, a pena não pode desconhecer o réu enquanto pessoa humana nem tem a finalidade de impor sofrimento ao condenado. Ademais, defende a aplicação abrangente desse princípio pelo sistema jurídico-penal, nos seguintes termos: *o princípio da humanidade intervém na cominação, na aplicação e na execução da pena, e neste último terreno tem hoje, face à posição dominante da pena privativa da liberdade, um campo de intervenção especialmente importante* (BATISTA, 2001, p. 98-102).

Em proposição semelhante, Luís Regis Prado e Mário Coimbra reconhecem a dignidade e a humanidade como os princípios basilares de atitudes estatais, na formulação de leis e na execução das penas. Segundo os autores, tais princípios, que estão diretamente correlacionados[6], pressupõem a execução da pena de acordo com os preceitos constitucionais, devendo ser assegurado o respeito à integridade física e moral dos presos (artigo 5º, inciso XLIX) (PRADO, COIMBRA, 2013, p. 56-67).

---

5. Extraído da classificação do panorama jurídico-penal positivado na Constituição de 1988 feita por Luciano Feldens (2005, p. 61-67).

6. É nesse sentido que o Pacto Internacional de Direitos Civis e Políticos, Decreto nº 592 de 6 de julho de 1962, estabelece, no artigo 10, que a pessoa privada de sua liberdade deverá ser tratada com humanidade e respeito à dignidade inerente à pessoa humana.

Nesse particular, é salutar rememorar as lições de Cesare Beccaria. De forma pioneira, associou a dignidade da pessoa humana ao ordenamento jurídico penal e foi um dos primeiros a problematizar a questão da crueldade dos castigos:

> Os efeitos do castigo que segue ao crime devem ser em geral impressionantes e sensíveis para os que testemunharam; haverá, porém, necessidade de que esse castigo seja tão cruel para quem o sofre? Quando os homens se reuniram em sociedade, foi para só se sujeitarem aos mínimos males possíveis; e não há país que possa negar esse princípio incontestável (BECCARIA, 1764, p. 69).

Em direção coincidente à de Beccaria, Michel Foucault entende que a humanidade deve ser respeitada até ao pior dos assassinos. Critica, ainda, o fato de a prisão não ser considerada suficiente, fato que faz com que o sofrimento seja complementado com outras medidas, tais como restrição de alimentos e abstinência sexual:

> [...] castigos como trabalhos forçados ou prisão – privação pura e simples da liberdade – nunca funcionaram sem certos complementos punitivos referentes ao corpo: redução alimentar, privação sexual, expiação física, masmorra. Consequências não tencionadas, mas inevitáveis da própria prisão? Na realidade, a prisão, nos seus dispositivos mais explícitos, sempre aplicou certas medidas de sofrimento físico. A crítica ao sistema penitenciário, na primeira metade do século XIX (a prisão não é bastante punitiva: em suma, os detentos têm menos fome, menos frio e privações que muitos pobres ou operários), indica um postulado que jamais foi efetivamente levantado: É justo que o condenado sofra mais que os outros homens? A pena se dissocia totalmente de um complemento de dor física. Que seria então um castigo incorporal? (FOUCAULT, 2005).

Cabe destacar que o princípio da humanidade das penas foi incorporado à Declaração Universal de Direitos Humanos, de 1948, que estatui que *ninguém será submetido a tortura nem a penas ou tratamentos cruéis, desumanos ou degradantes.* Conforme o magistério de Maia Neto, essa proposição deve ser concebida da forma mais abrangente possível:

> A expressão "tratos ou penas cruéis, desumanas ou degradantes" deve ser interpretada de maneira que abarque a mais ampla proteção possível contra todo tipo de abuso, sejam físicos ou mentais, incluído o de manter o preso ou detento em condições que o privem temporária ou permanentemente do uso de um de seus sentidos, como a visão ou a audição, ou de sua ideia de lugar ou do transcurso de tempo. (MAIA NETO, 1998, p. 84.)

O princípio da dignidade humana também está relacionado à duração razoável do processo penal, previsto constitucionalmente como direito e garantia fundamental. O artigo 5º, LXXVIII prescreve que *a todos, no âmbito judicial e administrativo, são assegurados a razoável duração do processo e os meios que garantam a celeridade de sua tramitação.* [7] Nesse sentido, Aury Lopes Jr trata da importância do princípio da duração razoável do processo e vincula a celeridade processual ao princípio da dignidade da pessoa humana, nos seguintes termos:

> A demora na prestação jurisdicional constitui um dos mais antigos problemas da Administração da Justiça.
>
> [...]
>
> Os principais fundamentos de uma célere tramitação do processo, sem atropelo das garantias fundamentais, é claro, estão calcados no respeito à dignidade do acusado, no interesse probatório, no interesse coletivo no correto funcionamento das instituições, e na própria confiança na capacidade da Justiça de resolver os assuntos que a ela são levados, no prazo legalmente considerado como adequado e razoável (LOPES JR, Aury, p. 225-226.)

7. O princípio da duração razoável do processo foi incluído pela Emenda Constitucional nº 45/2004.

Outra perspectiva teórica de fundamental importância para os fins desta obra é a que dispõe sobre o princípio da legalidade no âmbito do Direito Penal. No âmbito do ordenamento jurídico-penal brasileiro, Luiz Regis Prado e Mário Coimbra indicam que o princípio da legalidade está expresso na Constituição Federal (artigo 5º, incisos XXXIX, XLVI, XLVII, XLVIII, XLIX e L) e que, aplicado à execução penal, busca evitar a discricionariedade na atuação da administração penitenciária, propiciando, assim, uma série de garantias ao condenado (PRADO, COIMBRA, 2013, p. 56-67).

Nesse debate, destaca-se também a lição de Nilo Batista, segundo a qual o princípio da legalidade não se limita a assegurar o prévio conhecimento dos crimes e das penas, devendo assegurar, também, que nenhum cidadão seja submetido a coerção penal distinta daquela definida em lei. Sobre a abrangência desse princípio no sistema jurídico-penal, o autor assevera que *a abrangência do princípio inclui a pena cominada pelo legislador, a pena aplicada pelo juiz e a pena executada pela administração, vedando-se que critérios de aplicação ou regimes de execução mais severos possam retroagir*. (BATISTA, 2001, p. 65-84)

Ainda sobre a aplicação do princípio da legalidade durante a execução da pena, Rogério Greco pondera que esse postulado muitas vezes é ignorado após a sentença condenatória, ou seja, durante o efetivo cumprimento da pena:

> Infelizmente, parece que, após o trânsito em julgado da sentença penal condenatória, quando o agente que praticou a infração penal já se encontra cumprindo, efetivamente, a pena que lhe fora imposta pelo Estado, esquecemo-nos do princípio da legalidade. Esquecemo-nos que o condenado foi privado tão somente do seu direito de liberdade ambulatorial e que os demais permanecem intactos.
>
> [...]
>
> De nada adianta o Estado obedecer o princípio da legalidade desde a apuração do fato criminoso, com a inauguração do devido processo legal, com o respeito ao contraditório e à ampla

> defesa, para, ao final, uma vez condenado o autor da infração penal, seus direitos serem desrespeitados na fase da execução da pena. (GRECO, 2016, p. 38-39)

Outro importante princípio apontado pela doutrina como norteador da execução penal é o da individualização da pena. Nas lições de Luciano Feldens (2005, p. 61-67), o princípio da individualização da pena encontra-se materializado no artigo 5º, inciso XLVI, da Constituição Federal e 1988, que dispõe que *a lei regulará a individualização da pena e adotará, entre outras, as seguintes: a) a privação ou restrição da liberdade; b) perda de bens; c) multa; d) prestação social alternativa; e) suspensão ou interdição de direitos.*

Luiz Regis Prado e Mário Coimbra (2013, p. 64-67) destacam que o princípio da individualização da pena desenvolve-se em três etapas ou fases distintas. Na fase da criação da lei, por meio do Poder Legislativo, na fase de estabelecimento da pena, realizada pelo Judiciário e na etapa executória, quando a concretização da sanção é realizada administrativamente pelo Poder Executivo. A terceira fase do princípio da individualização da pena, materializada na execução penal, diz respeito, entre outros, ao cumprimento de pena privativa de liberdade, às características dos estabelecimentos penais e a progressividade das penas. Sobre a aplicação do princípio da individualização da pena no momento executório ou administrativo da pena, os autores ressaltam o disposto no artigo 5º, inciso XLVIII, da Constituição Federal, que dispõe que *a pena será cumprida em estabelecimentos distintos, de acordo com a natureza do delito, a idade e o sexo do apenado.*

Contextualizados os debates teóricos fundamentais sobre a pena privativa de liberdade e sua origem, às finalidades da pena e às disposições constitucionais relacionadas aos direitos e deveres do preso no âmbito da execução penal, passa-se, agora, a análise do arcabouço infraconstitucional que regulamenta a aplicação e a execução da pena no Brasil e de sua relação com o pressuposto teórico do direito fundamental a estabelecimento digno e adequado adotado neste livro.

Nesse particular, cumpre esclarecer que as penas privativas de liberdade estabelecidas no Código Penal[8] para os crimes ou delitos são as de reclusão, que pode ser cumprida em regime fechado, semiaberto e aberto e a de detenção, que pode ser cumprida em regime semiaberto ou aberto[9]. Ademais, tal diploma prevê que o preso *conserva todos os direitos não atingidos pela perda da liberdade, impondo-se a todas as autoridades o respeito à sua integridade física e moral*[10].

Por sua vez, os requisitos ambientais mínimos para o cumprimento dessas penas são definidos pela Lei de Execução Penal. De acordo com essa legislação, a penitenciária destina-se ao cumprimento de pena em regime fechado e deve alojar o condenado em cela individual com área mínima de 6,00 m² (seis metros quadrados), com aparelho sanitário e lavatório. Sobre as Colônias Agrícolas, Industriais ou Similares, destinadas ao cumprimento da pena em regime semiaberto, a Lei de Execução Penal exige a seleção adequada dos presos e o limite de capacidade que atenda os objetivos da individualização da pena. Estabelece, ainda, que a Casas do Albergado, destinadas

8. Sobre essa parte do Código Penal, Alceu Corrêa Junior e Salomão Shecaria criticam a manutenção de um sistema de penas baseado na pena de prisão, além de multa e as penas acessórias, bem como o desprezo à criminologia (JUNIOR, SHECARIA, 1995, p. 24).

9. O artigo 33 do Código Penal dispõe que a pena de reclusão deve ser cumprida em regime fechado, semi-aberto ou aberto. A de detenção, em regime semi-aberto, ou aberto, salvo necessidade de transferência a regime fechado. (Redação dada pela Lei nº 7.209, de 11.7.1984).

10. O artigo 38 do Código Penal estabelece que o preso conserva todos os direitos não atingidos pela perda da liberdade, impondo-se a todas as autoridades o respeito à sua integridade física e moral. (Redação dada pela Lei nº 7.209, de 11.7.1984).

ao regime aberto, devem estar localizadas em centro urbano, separadas dos demais estabelecimentos e caracterizarem-se pela ausência de obstáculos físicos contra a fuga[11].

Em perspectiva semelhante, as diretrizes básicas para arquitetura penal estabelecidas pelo Conselho Nacional de Política Criminal e Penitenciária (CNPCP) estabelecem que as celas coletivas devem abrigar o máximo de quatro pessoas e ter uma área mínima de 8,40m (oito metros e quarenta centímetros quadrados). Há, também, nas diretrizes, diversas orientações sobre muros, afastamentos e recuos, taxa de permeabilidade, acessos e circulações, segurança, ventilação e iluminação, dentre outras[12].

No tocante às características dos estabelecimentos penais, há ainda a Resolução nº 663 C (XXIV), adotada pelo I Congresso das Nações Unidas sobre a Prevenção do Crime e o Tratamento dos Delinquentes, realizado em Genebra, no ano de 1955, e aprovada pelo Conselho Econômico e Social das Nações Unidas. As regras números 9, 10, 11, 12, 13 e 14 da referida Resolução prescrevem como devem ser os locais de reclusão. A disposição de nº 9, por exemplo, prevê o seguinte:

> 1) As celas ou locais destinados ao descanso notório não devem ser ocupados por mais de um recluso. Se, por razões especiais, tais como excesso temporário de população prisional, for necessário que a administração penitenciária central adote exceções a esta regra, deve evitar-se que dois reclusos sejam alojados numa mesma cela ou local.
>
> 2) Quando se recorra à utilização de dormitórios, estes devem ser ocupados por reclusos cuidadosamente escolhidos e reconhecidos como sendo capazes de serem alojados nestas condi-

11. Lei 7.210 de 11 de julho de 1894: institui a Lei de Execução Penal. Artigos 87 a 92.
12. Diretrizes básicas de arquitetura penal. Ministério da Justiça. Conselho Nacional de Política Criminal e Penitenciária. Disponível em http://www.criminal.mppr.mp.br/arquivos/File/ExecucaoPenal/CNPCP/2011Diretrizes_ArquiteturaPenal_resolucao_09_11_CNPCP.pdf . Acesso em 20 de setembro de 2018.

ções. Durante a noite, deverão estar sujeitos a uma vigilância regular, adaptada ao tipo de estabelecimento prisional em causa. (BRASIL, Resolução n. 663 C (XXIV) do Conselho Econômico e Social, 1957).

Extrai-se desses normativos uma atenção constante com a salubridade, higiene e segurança dos estabelecimentos prisionais no Brasil. Essa preocupação, contudo, não é fenômeno recente na história brasileira. Conforme ressalta Alamiro Netto, a Constituição Política do Império, de 25 de março de 1824, já estabelecia os seguintes requisitos mínimos para tais estabelecimentos:

> Inserido no Título 8º do diploma legal, consistente nas *garantias dos direitos civis e políticos do cidadão brasileiro*, dizia o texto que: "As Cadêas serão seguras, limpas, o bem arejadas, havendo diversas casas para separação dos Réos, conforme suas circumstancias, e natureza dos seus crimes". O caráter provecto da norma, caracterizado pelo português vetusto, não permitiu, contudo, que este anseio normativo se convertesse em realidade. Ainda hoje, como ontem, os presídios brasileiros não são dotados de celas seguras, limpas e bem arejadas. Longe disso, vive-se na imundice, na completa falta de estrutura, onde a propagação de doenças conduz a ser a pena privativa de liberdade, no Brasil, algo que vai muito além de ceifar o direito de ir e vir dos condenados.

Não obstante a essas e outras positivações do direito fundamental a estabelecimento digno e adequado como pressuposto da execução penal, Luís Carlos Valois faz uma crítica ao comportamento jurisdicional e executivo que recorrem à legalidade apenas no que diz respeito à definição do crime, negligenciando as disposições relacionadas às condições ambientais mínimas de cumprimento da pena. Nessa linha, considera um paradoxo que a mesma lei que define o crime e impõe a pena privativa de liberdade seja determinante neste ponto e não seja em relação aos direitos dos presos:

> O maior paradoxo está em perceber ser a lei que define o crime e impõe pena privativa de liberdade, a mesma que manda haver trabalho na prisão, cela individual e a obrigação de respeito à integridade física e moral do preso (arts. 34, §1º e 38 do CP); entretanto, só a parte determinante ao crime é que é cumprida. (VALOIS, 2012)

Rogério Greco também alerta para a desobediência frequente das regras acima citadas, em especial quanto ao excesso na quantidade de detentos nos estabelecimentos prisionais:

> Da mesma forma que a anterior, essas regras são constantemente desrespeitadas, sobretudo onde há superlotação carcerária. Mesmo naquelas cadeias e penitenciárias nas quais não há o excesso de presos por cela, as condições de higiene e saúde, normalmente, são as piores possíveis.
>
> O fornecimento de água é constantemente interrompido, os sanitários são imundos, as instalações elétricas são danificadas, ou, quando funcionam, os fios são expostos, criando uma situação constante de perigo. Nos lugares onde o frio é intenso, chuveiros elétricos não funcionam, devendo o preso tomar banho com água fria, com risco para a sua saúde. Nos presídios localizados em locais onde a temperatura é alta, a ventilação é precária, tornando a sensação térmica mais elevada. No brasil, como já dissemos, há presídios (e também cadeias públicas), onde, no verão, a temperatura média no interior da cela gira em torno dos 50 graus. Nesses locais, além da superlotação, o calor é insuportável, o que torna a convivência no cárcere a pior impossível, pois esse calor intenso desperta um sentimento de intolerância entre os presos, ocasionando agressões e discussões frequentes. (GRECO, 2016, p. 159-160)

Nesse mesmo sentido, Luiz Regis Prado e Mário Coimbra (2013, p. 57) reforçam a relevância do princípio da legalidade tanto em relação aos deveres dos condenados – comportamento disciplina e obediência ao servidor – quanto aos direitos dos presos – tais como assistência material, direito à saúde, assistência jurídica, apoio educacional, social e religioso, direito ao chamamento nominal e contato com o mundo exterior por meio de correspondência escrita, da leitura e de outros meios de informação.

Outro preceito legal fundamental para os fins desta obra diz respeito ao sistema progressivo de execução da pena estabelecido pelo Código Penal. De acordo com o artigo 33 do referido diploma, cumprido os requisitos objetivos e subjetivos, deverá haver a transferência do apenado do regime mais gravoso para o menos gravoso, ou seja, progressivamente do fechado para o semiaberto e do semiaberto para o aberto. Conforme lições de Mário Coimbra, o sistema brasileiro de progressão de regime *pressupõe a passagem pelos regimes fechado, semiaberto e aberto, bem como o livramento condicional, que constitui sua última etapa* (COIMBRA, 2013, p. 211).

A ideologia do sistema progressivo está inserida na Exposição de Motivos da Parte Geral do Código Penal, nos seguintes termos:

> 35. A decisão será, no entanto, provisória, já que poderá ser revista no curso da execução. *A fim de humanizar a pena privativa da liberdade, adota o Projeto o sistema progressivo de cumprimento da pena*, de nova índole, mediante o qual poderá dar-se a substituição do regime a que estiver sujeito o condenado, segundo seu próprio mérito. A partir do regime fechado, fase mais severa do cumprimento da pena, possibilita o Projeto a outorga progressiva de parcelas da liberdade suprimida.
>
> Mas a regressão do regime inicialmente menos severo para outro de maior restrição é igualmente contemplada, se a impuser a conduta do condenado.
>
> Sob essa ótica, a progressiva conquista da liberdade pelo mérito substitui o tempo de prisão como condicionante exclusiva da devolução da liberdade. (BRASIL, Exposição de motivos nº 211, 1983)

Cumpre apontar que o sistema progressivo de cumprimento de pena está diretamente associado ao princípio da individualização da pena, abordado anteriormente neste livro. Como bem destacado por Alberto Silva Franco, a individualização da pena não cessa com a determinação da espécie e do *quantum* da pena, manifestando-se também no âmbito do sistema progressivo de cumprimento de pena privativa de liberdade:

> O sistema progressivo de cumprimento de pena privativa de liberdade está vinculado, também, ao princípio constitucional da individualização da pena. Tal princípio garante, em resumo, a todo cidadão, condenado num processo-crime, uma pena particularizada, pessoal, distinta [...]. A Constituição Federal exige, antes de tudo, a pena legal, ou seja, que o legislador ordinário individualize a espécie de pena, os marcos penais e os critérios que devem nortear sua aplicação. O juiz, numa segunda etapa, no exercício de um poder discricionário vinculado, estabelece na sentença, motivadamente, a pena justa, ou seja, escolhe a qualidade da pena dentro das pautas legais e a quantidade punitiva adequada à hipótese fática e à pessoa do delinquente. Mas, determinados a espécie e o *quantum* da pena, nem por isso cessa em verdade a atividade individualizadora. Mais importante do que a sentença em si é o cumprimento da pena imposta porque é na execução que a pena, cominada em abstrato pelo legislador, ajustada à situação singular pelo juiz, encontra o seu momento de maior concreção. É aí que a operação individualizadora chega à sua derradeira etapa: a de pena real, que adere, de modo definitivo, à pessoa do condenado. (FRANCO, 2001, p. 544)

Nesse ponto, deve-se reforçar que a progressão de regime é tema fundamentalmente vinculado ao estudo proposto nesta obra. Aqui, é importante acentuar, como o faz Alamiro Salvador Netto (2017, p. 571), que *o programa progressivo contido na Lei de Execução Penal mostra-se em desconformidade com o aparato disponibilizado pelo Estado*, que tem priorizado a construção de novas unidades para cumprimento de pena em regime fechado, em detrimento de unidades voltadas aos regimes semiaberto e aberto, em nítido abandono à ideia de progressividade.

Dito de outro modo, tem-se que o déficit de vagas no sistema prisional brasileiro, em especial, de estabelecimentos penais de regime semiaberto e aberto, é um obstáculo efetivo à passagem do condenado pelos três regimes. Nesse particular, Alamiro Salvador Netto reconhece que a decisão proferida pelo Supremo Tribunal Federal no julgamento do Recurso Extraordinário nº 641.320, que deu origem à Súmula Vinculante nº 56, coloca-se como uma alternativa possível para garantir o direito à progressão de regime no Brasil:

> Com isso, pode-se dizer que atesta o Supremo Tribunal Federal: se o preso que está em regime fechado faz jus ao regime semiaberto, coloca-se uma determinação – ele deverá, a todo custo, progredir, eis que é melhor um preso que progrida do semiaberto ao aberto antes do aperfeiçoamento de tal direito, do que a situação de alguém continuar a cumprir pena em regime mais gravoso que o devido. (SALVADOR NETTO, 2017, p. 573-574)

Apresentado o quadro jurídico-normativo da execução da pena no Brasil, que contempla noções importantes de proteção da dignidade e de ressocialização do apenado, é importante contextualizá-lo, como o faz Alamiro Salvador Netto, à precariedade do sistema penitenciário brasileiro, que faz com que a aplicação da pena no Brasil ocorra à margem das disposições legais. De acordo com autor, existe uma nítida contradição da execução penal brasileira, que está situada entre a execução penal prevista nos diplomas legais e as práticas reais à margem do direito:

> Neste ponto, curiosamente, aparecem dois "Estados" contraditórios, colocados de forma diametralmente oposta em finalidades e realizações: o Estado, representado pelas suas leis, demarca um compromisso com uma execução humanitária, pautada, de forma geral, em ideias de prevenção especial positiva consubstanciados na noção de reintegração social; e o "outro" Estado, que emerge das práticas judiciárias e executivas, remete, ao contrário, para um universo medieval, grotesco, o qual não

> reconhece qualquer limite mínimo de dignidade humana ao submeter seus próprios cidadãos às penas privativas de liberdade. (SALVADOR NETTO, 2017, p. 569)

Nesse quadro de tensão entre a execução penal prevista na legislação e a prática da execução penal no Brasil, Alamiro Netto interpreta o Recurso Extraordinário nº 641.320 – e consequentemente a Súmula Vinculante nº 56 – como uma *espécie de grito de chamamento da realidade ao direito* para que o programa de execução penal estabelecido na legislação seja minimamente cumprido. Embora entenda esse chamamento como a grande virtude da tese presente no julgado do Supremo Tribunal Federal, o autor reconhece que o seu potencial de efetividade futura ainda é duvidoso.

Diante de todo o exposto, evidencia-se que, não obstante o potencial de transformação da realidade da execução penal brasileira por meio Súmula Vinculante nº 56, o atual cenário das práticas judiciárias e executivas levanta uma série de dúvidas sobre a efetividade futura dessa medida.

É esse contexto de novas possibilidades e velhas incertezas que confere relevância, originalidade e atualidade a este livro, que propõe o desenvolvimento de um esquema analítico-interpretativo dos principais impactos da Súmula Vinculante nº 56 no âmbito dos Tribunais de Justiça dos Estados, com o objetivo de conferir em que medida a decisão proferida pelo Supremo Tribunal Federal tem contribuído para o observância do direito fundamental a um estabelecimento penal digno e adequado como parâmetro da execução penal.

2

O SUPREMO TRIBUNAL FEDERAL E O DIREITO FUNDAMENTAL AO CUMPRIMENTO DE PENA EM ESTABELECIMENTO ADEQUADO E DIGNO

No capítulo anterior, foram apresentadas as principais reflexões doutrinárias sobre o direito fundamental a um estabelecimento penal digno e adequado. A partir dessas premissas teóricas, este capítulo busca analisar como o Supremo Tribunal Federal tem se posicionado acerca do cumprimento de pena face ao insustentável quadro de superlotação carcerária no Brasil.

Como ponto de partida para essa análise, deve-se destacar que o Supremo Tribunal Federal (STF) tem se deparado cada vez mais com as consequências do encarceramento em massa no Brasil. O objetivo do presente capítulo é analisar as controvérsias e entendimentos consolidados pelo STF nessa seara, especialmente no julgamento do Recurso Extraordinário nº 641.320[1], que deu

1. O exame do Recurso Extraordinário nº 641.320 será realizado na modalidade de pesquisa denominada estudo de caso. Conforme Antônio Carlos Gil: *um estudo de caso pode ser caracterizado como um estudo de uma entidade bem definida como um programa, uma instituição, um sistema educativo, uma pessoa ou uma unidade*

origem à Súmula Vinculante nº 56, cujas repercussões nos Tribunais serão examinadas no próximo capítulo.

Dada a centralidade do Recurso Extraordinário nº 641.320 para os objetivos da pesquisa, este capítulo priorizará o estudo detalhado de todo o histórico desse processo, desde o início da ação, proposta em maio de 2013, originária do Tribunal de Justiça do Estado do Rio Grande do Sul, passando pela fase da audiência pública, na qual foram prestadas relevantes informações pelos Governos e Defensorias Públicas dos Estados[2], até a conclusão do Tema 423 e a edição da Súmula Vinculante nº 56, em 11 de novembro de 2016.

Não obstante a relevância do Recurso Extraordinário nº 641.320 para esta obra, deve-se reconhecer que esse processo está inserido em um contexto mais amplo e progressivo de decisões do STF relacionadas ao direito fundamental dos presos a um estabelecimento digno e adequado. Dessa forma, esta capítulo estudo investigará também os julgamentos dos seguintes processos: (i) a Arguição de Descumprimento de Preceito Fundamental nº 347, com pedido de liminar parcialmente deferido, em setembro de 2015, para reconhecer o Estado de Coisas Inconstitucional do sistema penitenciário brasileiro; (ii) o Recurso Extraordinário nº 592.581, com acórdão publicado em fevereiro de 2016, determinando que o Poder Executivo realize obras nos estabelecimentos

social. Visa conhecer em profundidade o como e o porquê de uma determinada situação que se supõe ser a única em muitos aspectos, procurando descobrir o que há nela de mais essencial e característico. O pesquisador não pretende intervir sobre o objeto a ser estudado, mas revela-lo tal como ele o percebe. O estudo de caso pode decorrer de acordo com uma perspectiva interpretativa, que procura compreender como é o mundo do ponto de vista dos participantes, ou uma perspectiva pragmática, que visa simplesmente apresentar uma perspectiva global, tanto quanto possível completa e coerente, do objeto de estudo do ponto de vista do investigador. (GIL, 2007, p. 54)

2. As informações prestadas pelos Governos e Defensorias Públicas dos Estados constam no anexo 1 desta obra.

prisionais do Brasil e; (iii) o Recurso Extraordinário nº 580.252, que assentou a responsabilidade civil do Estado por danos causados aos presos em decorrência da superlotação carcerária e a reparação do dano moral.

Ao final deste capítulo, pretende-se identificar os preceitos de interpretação e de aplicação do direito fundamental a um estabelecimento digno e adequado consolidados pelo Supremo Tribunal Federal, que funcionarão como importante referencial analítico para a investigação que se pretende fazer no capítulo seguinte sobre em que medida os Tribunais de Justiça dos Estados têm aplicado os parâmetros fixados no Recurso Extraordinário nº 641.320.

2.1. O RECURSO EXTRAORDINÁRIO Nº 641.230

Considerando que esta pesquisa busca compreender em que medida os Tribunais de Justiça dos Estados têm aplicado os pressupostos do Recurso Extraordinário nº 641.320, torna-se imprescindível analisar profundamente os fundamentos jurídicos desenvolvidos pelo STF nesse julgamento. Dessa forma, esta seção analisará detalhadamente todo o processo que culminou no RE nº 641.320, desde o início, nas instâncias ordinárias, e, a partir daí, identificará os parâmetros para a análise da atuação dos Tribunais de Justiça à luz da Súmula Vinculante nº 56, a ser executada no capítulo seguinte[3].

3. Os testes do capítulo seguinte foram realizados a partir das premissas adotadas no RE nº 641.320 e dos seguintes termos metodológicos: "*Uma hipótese é um enunciado conjetural das relações entre duas ou mais variáveis. Hipóteses são sentenças declarativas e relacionam, de alguma forma, variáveis e variáveis. São enunciados de relações e, como os problemas, devem implicar a testagem das relações enunciadas. Problemas e hipóteses são semelhantes. Ambos enunciam relações, só que os problemas são sentenças interrogativas e as hipóteses sentenças afirmativas. As vezes são quase idênticos em substância. Uma diferença importante, entretanto: as hipóteses geralmente são mais específicas do que os*

2.1.1 O processo no âmbito do Tribunal de Justiça do Estado do Rio Grande do Sul (TJRS)

O Tema da Repercussão Geral sobre *a falta de estabelecimento adequado para o recolhimento dos presos e a possibilidade de concessão de saída antecipada aos condenados* teve início no Estado do Rio Grande do Sul, em 2001, com a denúncia de cometimento, por três indivíduos, de um roubo majorado por concurso de pessoas – artigo 157, § 2º, inciso II, do Código Penal.

Em apertada síntese, os três agentes foram denunciados pela suposta prática de roubo majorado por concurso de pessoas e, após o cumprimento de todos os atos processuais, o Juízo julgou parcialmente o pleiteado na ação penal, absolvendo dois réus e condenando o terceiro a 5 (cinco) anos e 8 (oito) meses de reclusão em regime semiaberto. Após apelação, na qual a defesa do réu postulou a absolvição do condenado, aduzindo negativa da autoria e insuficiência de provas, e contrarrazões, apresentadas pelo Ministério Público, o acórdão da Quinta Câmara Criminal do Tribunal de Justiça do Estado do Rio Grande do Sul (TJRS) reduziu a pena privativa de liberdade em 4 (quatro) meses, fixando-a em 5 (cinco) anos e 4 (quatro) meses de reclusão, mantido o cumprimento da pena em regime semiaberto.[4]

Contudo, a importância do julgamento da apelação, no âmbito da Quinta Câmara Criminal do TJRS, não decorre do novo cálculo da pena-base, mas sim da discussão feita pelos desembargadores sobre a grave situação de superlotação dos

---

problemas; geralmente estão mais próximas das operações de teste e de pesquisa [...]. Consideramos hipóteses com duas variáveis apenas. Na pesquisa comportamental moderna, entretanto, é mais provável haver mais de duas variáveis [...]. Em resumo, hipóteses são enunciados, conjecturas de relações e são estas conjecturas que serão testadas na pesquisa" (KERLINGER, p. 38-39).

4. BRASIL. Tribunal de Justiça do Rio Grande do Sul. Processo número 70028601870, julgada em 26 de agosto de 2009. Acesso em 15 de dezembro de 2017.

presídios no Rio Grande do Sul e, mais especificamente, sobre a possibilidade de saída antecipada do preso por falta de estabelecimento prisional compatível com o regime de cumprimento da pena estabelecido.

Nesse debate, cabe destacar o voto do desembargador relator, Luís Gonzaga da Silva Moura, que resgatou relevantes trechos da decisão de outro desembargador, Amilton Bueno de Carvalho, que, em processo diverso[5], propôs a solução de saída antecipada de apenado condenado no regime semiaberto. De acordo com essa argumentação, enquanto não existir estabelecimento destinado ao regime semiaberto que atenda a todos os requisitos da Lei de Execução Penal[6], o réu cumpriria sua pena em regime domiciliar, atendidas as condições impostas pelo juiz da execução penal.

Para fundamentar essa proposição, o desembargador Amilton Bueno de Carvalho desenvolve o seguinte raciocínio sobre a relação entre direitos fundamentais, humanidade das penas e violação de direitos penitenciários pelo Estado:

> Aqui o Estado inibe, no viés constitucional, como direito e garantia fundamental, penas cruéis (art. 5, XLVII, "e"); "a pena será cumprida em estabelecimentos distintos, de acordo com a natureza do delito, a idade e o sexo do apenado" (XLVIII); "é assegurado aos presos o respeito à integridade física e moral" (XLIX); "ninguém será submetido a tortura nem a tratamento desumano e degradante" (III).
>
> Na suma, a Lei Maior estabelece – diferente não poderia ser neste estágio civilizatório – o princípio da humanidade das penas!

---

5. BRASIL. Tribunal de Justiça do Rio Grande do Sul. Apelação na ação penal. Disponível em: TJRS: apelação nº 70022737506/RS, julgada em 15 de abril de 2009. Acesso em: 15 de dezembro 2017.

6. De acordo com a Lei de Execução Penal, o cumprimento de pena em regime semiaberto se dará em "Colônia Agrícola, Industrial ou Similar", observados os requisitos básicos de "salubridade do ambiente pela concorrência dos fatores de aeração, insolação e condicionamento térmico adequado à existência humana". Lei nº 7.210, de 11 de julho de 1984.

> Ao aterrissar o comando constitucional, a Lei de Execução Penal define explicitamente, nos artigos 82 a 95, as condições objetivas das unidades prisionais. Já nos artigos 40 a 43, fixa os direitos dos apenados.
>
> Assim, vê-se, com obviedade, que o Estado deve punir aquele que agride a lei penal e, numa outra ponta, deve cumprir rigorosamente com as normas estabelecidas para o cumprimento das penas que ele impõe.
>
> Ou seja, a legalidade tem dois vieses: um que determina a prisão (contra o cidadão) e outro que protege o apenado.
>
> Tanto é assim que a própria LEP estabelece o incidente do "excesso ou desvio" da execução para as situações em que "algum ato for praticado além dos limites fixados na sentença, em normas legais ou regulamentares" (art. 185).
>
> Todavia, tem acontecido – máxime no Estado Gaúcho – verdadeira autofagia sistêmica: com base na lei se condenam pessoas a pena de prisão (para prejudicar) mas no momento em que se deve beneficiá-las (condições prisionais), nega-se a legalidade. Algo intolerável, beirando a hipocrisia.
>
> Todos, absolutamente todos, sabemos que o Estado é violador dos direitos da população carcerária. Todos, absolutamente todos, sabemos das condições prisionais. E mesmo assim confirmamos o sofrimento gótico que alcança os apenados.

Ainda sob essa perspectiva, o magistrado Amilton de Bueno Carvalho critica a crueldade das penas e a violação ao princípio da humanidade das penas nos presídios brasileiros, ecoando as reflexões doutrinárias de autores como Luigi Ferrajoli, Eugenio Zaffaroni e Nilo Batista, todos abordados anteriormente neste livro:

> Aliás, Ferrajolli já denunciou que a história dos presídios é mais degradante que a história dos crimes!
>
> Não se pode, jamais, tratar pessoa alguma (seja quem for, seja qual o delito cometido) como meio (coisa), mas como fim (pessoa), em atenção ao imperativo kantiano.
>
> Assim, leciona Nilo Batista, "a *racionalidade* da pena implica tenha ela um sentido compatível com o humano e suas cam-

biantes aspirações. A pena não pode, pois, exaurir-se num rito de expiação e opróbrio, não pode ser uma coerção puramente negativa" (...) "Contudo, a pena que se detém na simples retributividade, e portanto converte seu modo em seu fim, em nada se distingue da vingança" (BATISTA, Nilo. Introdução Crítica ao Direito Penal. Rio de Janeiro: Ed. Revan, 2005, p. 100).

Zaffaroni, ao invocar o princípio da humanidade, assevera que cabe ao julgador, diante as particularidades do caso concreto – o réu que sofre de grave enfermidade ou está próximo da morte; o que sofreu um acidente ou uma violência carcerária grave –, reconhecer a crueldade da pena e adequá-la de modo a atender aos ditames do referido princípio. Continua o autor, afirmando que "o princípio da humanidade das penas tem vigência absoluta e que não deve ser violado nos casos concretos, isto é, que deve reger tanto a ação legislativa – o geral – como a ação judicial – particular –, o que indicaria que o juiz deve ter o cuidado de não violá-lo" (ZAFFARONI, Eugenio Raúl; PIERANGELI, José Henrique. Manual de Direto Penal Brasileiro: Parte Geral. São Paulo: RT, 2004, p. 172).

Luigi Ferrajoli, também, afirma que a desumanidade das penas vai de encontro ao "princípio do respeito à pessoa humana" – da dignidade da pessoa –, no sentido de que "cada hombre, y por conseguiente también el condenado, no debe ser tratado nunca como un 'medio' o 'cosa', sino siempre como 'fin' o 'persona'", isto é, "o valor de la persona humana impone una limitación fundamental a la calidad y a la cantidad de la pena." (FERRAJOLI, Luigi. Derecho y Razón. Madrid: Editorial Trotta, 2001, p. 395). De tal modo, a legitimidade do Estado se funda "unicamente en las funciones de tutela de la vida y los restantes derechos fundamentales; de suerte que, conforme a ello, un estado que mata, que tortura, que humilla e un ciudadano no sólo pierde cualquier legitimidad, sino que contradice su razón de ser, poniéndose al nível de los mismos delincuentes." (Ferrajoli, p. 396). É dever do Estado, portanto, assegurar que as condições de vida no presídio "sean para todos lo más humanas posible y lo menos aflictivas que se pueda" (p. 397).

Alguns poderão alegar que o Estado não tem condições econômicas de executar as penas de acordo com a lei: primeiro, não é verdade – há, sim, possibilidade financeira, apenas é questão

> de prioridade; e, segundo, se não se cumpre a lei que favorece, que não se cumpra a que desfavorece!
>
> Outros colocarão em debate o rançoso confronto: direitos da sociedade e direitos dos condenados. No entanto, não estão jamais em conflito: só se preservam os direitos do todo se se preservarem os direitos do um – todo é composto da soma de todos os "um" – (ver Luc Ferry, "Aprender a Viver, Filosofia para os Novos Tempos", Objetiva, p. 156.).

Ademais, em relação às decisões sobre o cumprimento de penas privativas de liberdade, o desembargador entende que os juízes são ética e legalmente responsáveis pelo conteúdo dos julgamentos. Estabelece, assim, uma vinculação ao princípio da legalidade:

> E a sociedade responde sim pelas decisões dos administradores que elege: opta pelas prioridades deles!
>
> Neste contexto, tenho que o juiz é também responsável pela vida prisional, ou seja, pelo cumprimento das penas de acordo com a lei. É responsabilidade ética e legal: ele presenta o Estado que condena e presenta o Estado que encarcera. Duas faces indissociáveis: não se pode atuar ao modo de Pilatos. Enfim, deve atuar para que toda a legalidade (e não apenas parte dela) seja cumprida eficazmente.
>
> Aliás, Rui Barbosa ensinava: "Não há salvação para o juiz covarde" ("O Justo e a Justiça Política").

Nesse ponto, pode-se estabelecer um diálogo com a doutrina de Luís Carlos Valois, estudada no capítulo 1, que defende a importância de o princípio da legalidade ser considerado tanto na aplicação quanto na execução da pena e entende que as penas decretadas pelo juiz devem corresponder à realidade:

> O fato tido como criminoso é analisado, esmiuçado e classificado como crime conforme as disposições da lei. E a pena, basta ser clara no papel para estar satisfeito o princípio da legalidade? A partir desse princípio, o juiz poderia aplicar uma pena de

> prisão e a pena executada ser a de galés? Ora, os fatos da vida real, a pena realmente aplicada, as circunstâncias e características do sistema penal também integram a pena, aliás são o que verdadeiramente fazem a pena, e devem ser submetidas à consideração do juiz não só no momento da execução, mas igualmente no momento da aplicação.
>
> [...]
>
> Por isso que o princípio da legalidade da pena também deve assumir os corolários de determinação e taxatividade. Não só no sentido de que o legislador não pode impor genericamente penas abstratas, mas da mesma forma o juiz não pode impor penas que não correspondam à realidade, à pena que efetivamente se aplica. (VALOIS, 2013, p. 93)

A partir dessas reflexões, o desembargador relator, Luís Gonzaga da Silva Moura, questiona sobre qual seria a saída para a situação concreta de falta de vagas em estabelecimento penal adequado para o cumprimento da pena do agente condenado a 5 (cinco) anos e 4 (quatro) meses de reclusão em regime semiaberto. A esse questionamento, o próprio relator aponta como possível solução a inovação do Superior Tribunal de Justiça[7] de permitir aos condenados em regime aberto o cumprimento de pena em prisão domiciliar. E, com base no direito comparado, destaca decisão de Juízes da Califórnia que liberaram cerca de 60 (sessenta) mil presos devido à superlotação carcerária e à violação de direitos dos apenados, conforme se verifica:

> Então, qual o caminho a seguir?
>
> De logo, saliento que a Suprema Corte aponta para solução inovadora ao permitir que condenados em regime aberto, em locais onde casa do albergado não cumpre condições de higiene

7. BRASIL. Superior Tribunal de Justiça: *Habeas Corpus* nº 114.829/SP, Relator: Ministro Napoleão Nunes Maia Filho, Quinta Turma, DJe 16/03/2009. Acesso em: 22 de dezembro de 2018.

> suficientes e estão superlotadas, sem separação de condenados em regime semi-aberto (legalidade que se impõe), cumpram pena em regime domiciliar (HC 95332/RS, de 03.03.2009).
>
> Por outro lado, se vê da Folha *On Line*, de 22.02.2009, que os juízes do Estado da Califórnia estão prestes a liberar cerca de sessenta mil presos porque há superpopulação carcerária, a violar os direitos dos apenados: "A evidência indica que não existe outro remédio a não ser uma liberação dos presos com o objetivo de solucionar as condições inconstitucionais", afirmam.
>
> Que se cumpra a lei, é o caminho que se segue.
>
> Assim, o ora condenado somente irá a presídio se e quando for preservada a vida prisional de acordo com a lei. Enquanto isso não for providenciado, o mandado de prisão ficará suspenso e correndo a prescrição.

Foi com base nesses fundamentos que o Tribunal de Justiça do Rio Grande do Sul decidiu que, enquanto não existisse estabelecimento destinado ao regime semiaberto que atenda aos requisitos da Lei de Execução Penal, a pena deveria ser cumprida em regime de prisão domiciliar[8].

2.1.2. Os posicionamentos do Ministério Público do Estado do Rio Grande do Sul e da Defensoria Pública do Estado do Rio Grande do Sul

Contra o acórdão do TJRS, o Ministério Público do Estado do Rio Grande do Sul interpôs o Recurso Extraordinário nº

8. *"Acordam os Desembargadores integrantes da Quinta Câmara Criminal do Tribunal de Justiça do Estado, à unanimidade, na conformidade do voto do Relator, em dar parcial provimento ao apelo defensivo para, confirmada a condenação, reduzir a 05 (cinco) anos e 04 (quatro) meses de reclusão, a carcerária imposta ao apelante, mantidas as demais cominações da sentença. Por maioria, determinaram que, enquanto não existir estabelecimento destinado ao regime semiaberto que atenda a todos os requisitos da LEP, a privativa de liberdade seja cumprida em regime de prisão domiciliar, vencida a Des.ª Genacéia da Silva Alberton, entendendo que a impossibilidade de cumprimento do regime fixado na sentença deve ser aquilatada pelo Juízo da Execução".*

641.320[9], objeto de análise desta obra, em maio de 2011. Alegou que o acórdão do TJRS, ao considerar que a falta de estabelecimento penal que atenda às exigências da Lei de Execução Penal é suficiente para deferir-se a prisão domiciliar ao preso, contrariou o artigo 5º, inciso II, da Constituição Federal, o qual estabelece que ninguém será obrigado a fazer ou deixar de fazer alguma coisa senão em virtude de lei.

Dito de outra forma, argumentou estar equivocada a decisão da Quinta Câmara Criminal, tendo em vista que a impossibilidade material de o Estado criar estabelecimento penal adequado para o cumprimento do regime semiaberto não deveria autorizar, por si só, o Judiciário a conceder a prisão domiciliar fora dos termos estabelecidos em lei. Destacou que o implemento da decisão violaria o princípio da legalidade, pois o recorrido deve cumprir pena como os demais condenados na mesma situação.

Ademais, afirmou que cabe à Administração Pública a solução de eventuais dificuldades relacionadas à superlotação carcerária e que o próprio Ministério Público vem atuando na problemática, citando como exemplo uma Ação Civil Pública formalizada com o intuito de criar mais vagas e melhorias no sistema penitenciário[10].

Ao dissertar sobre o princípio da legalidade[11], o Ministério Público enfatizou a necessidade de dar-se cumprimento às penas impostas, pelo legislador, às infrações penais, sob risco de criar-se uma situação de total impunidade. Mais do que isso, o *Parquet* defendeu que deve preponderar o cumprimento da lei sobre o interesse do apenado:

9. BRASIL. Supremo Tribunal Federal. Recurso Extraordinário nº 641.320. Tribunal Pleno. Ministro Relator Gilmar Mendes, 11 mai. 2016.
10. O exemplo de ação citada pelo Ministério Público foi a Ação Civil Pública proposta em face do Estado de Mato Grosso (nº 32441-16.2009.811.0041).
11. A doutrina que trata da aplicação do princípio da legalidade no âmbito do Direito Penal foi abordada ao longo do capítulo 1.

> Não se pode confundir a prisão ilegal e a preservação da dignidade da pessoa humana com a condição ideal de cumprimento de pena idealizada pelo julgador. Dentro da realidade existente, ainda que reconhecida a precariedade do sistema carcerário, necessário enfatizar que se impõe o cumprimento das penas impostas pelo legislador para o cometimento de infrações penais, sob pena de violação do princípio da legalidade. Confrontados os interesses, forçoso reconhecer que prepondera o cumprimento da lei sobre o interesse do apenado, sob pena de criar-se situação de total impunidade no Estado do Rio Grande do Sul, bem como desigualdade entre os próprios sentenciados (pois inegável que existem inúmeros apenados, condenados por infrações semelhantes a do recorrido, que se encontram cumprindo pena nas casas carcerárias do RS).[12]

Além da violação do princípio da legalidade, asseverou o Ministério Público que o acórdão desrespeitou também o princípio da individualização da pena, levando em conta ter ignorado as circunstancias pessoais do condenado e a gravidade do delito, ao conceder a prisão domiciliar a condenado em regime inicial semiaberto. Aduziu, por fim, que o sentenciado não se enquadra nas hipóteses legais, previstas no artigo 117 da Lei de Execução Penal, para recolhimento domiciliar, que são: ter mais que 70 anos de idade, estar acometido por doença grave, ter filho menor, ser deficiente físico ou mental ou, ainda, ser gestante.

O Ministério Público, por fim, pondera que o Estado, por intermédio do direito penal, tem o dever de proteger tanto o autor da infração penal quanto a coletividade. A percepção de que compete ao Estado proteger os indivíduos contra agressões e comportamentos delitivos encontra respaldo na doutrina de Lênio Streck:

---

12. BRASIL. Supremo Tribunal Federal. Recurso Extraordinário nº 641.320. Tribunal Pleno. Ministro Relator Gilmar Mendes, 11 mai. 2016, p. 322.

> Já não se pode falar, nesta altura, de um Estado com tarefils de guardião de 'liberdades negativas', pela simples razão - e nisto consistiu a superação da crise provocada pelo liberalismo - de que o Estado passou a ter a função de proteger a sociedade nesse duplo viés: não mais apenas a clássica função de proteção ao arbítrio, mas, também a obrigatoriedade de concretizar os direitos prestacionais e, ao lado destes, a obrigação de proteger os indivíduos contra agressões provenientes de comportamentos delitivos, razão pela qual a segurança passa a fazer parte dos direitos fundamentais (artigo 5·, Caput, da Constituição do Brasil) (STREK, 2011).

Foi com base nesses argumentos – ofensa aos princípios da legalidade e da individualização da pena – que o Ministério Público requereu a cassação do acórdão da Quinta Câmara Criminal do TJRS, que concedeu a prisão domiciliar ao recorrido.

Por sua vez, a Defensoria Pública do Estado do Rio Grande do Sul, nas contrarrazões[13], defendeu ter sido a decisão da Turma realizada nos termos da Constituição Federal e à luz dos princípios constitucionais de individualização e da proporcionalidade das penas.

O princípio da individualização da pena também foi utilizado como argumento pela Defensoria Pública. Diferentemente da interpretação do Ministério Público, este princípio, na perspectiva da defesa e em relação à progressão de regime, impede que o apenado cumpra pena em regime mais gravoso, ainda que por falta de vagas. Sendo assim, quando faltam vagas, a Defensoria Pública sustenta que a única alternativa é a transferência do apenado para regime mais brando, para que os princípios constitucionais de individualização e da proporcionalidade das penas sejam protegidos[14].

---

13. BRASIL. Supremo Tribunal Federal. Recurso Extraordinário nº 641.320. Tribunal Pleno. Ministro Relator Gilmar Mendes, 11 mai. 2016, p. 341-348.
14. BRASIL. Supremo Tribunal Federal. Recurso Extraordinário nº 641.320. Tribunal Pleno. Ministro Relator Gilmar Mendes, 11 mai. 2016.

A Defensoria Pública atenta, ainda, que o cárcere não educa e não possibilita o retorno do indivíduo à sociedade. Este alerta vai ao encontro dos ensinamentos de Alessandro Barata que sinaliza alguns dos efeitos danosos do cárcere, como a impossibilidade de reeducação:

> Os institutos de detenção produzem efeitos contrários à reeducação e à reinserção do condenado, e favoravelmente à sua estável reinserção na população criminosa. O cárcere é contrário a todo moderno ideal educativo, porque este promove a individualidade, o autorrespeito do indivíduo, alimentado pelo respeito que o educador tem dele. As cerimônias de degradação no início da detenção, com as quais o encarcerado é despojado até dos símbolos exteriores da própria autonomia (vestuários e objetos pessoais), são o oposto de tudo isso. A educação promove o sentimento de liberdade e de espontaneidade do indivíduo: a vida no cárcere, como instrumento disciplinar, tem um caráter repressivo e uniformizante. (BARATTA, 2002, p. 183-184)

A partir desses fundamentos teóricos, a Defensoria Pública sustentou que sempre que o Poder Público não propiciar o cumprimento de pena sob as condições previstas na legislação, seja para assegurar o mínimo respeito à dignidade humana, seja para concretizar os propalados fins da execução penal – em especial, a reinserção social do condenado –, poderá ser implementada a prisão domiciliar.

Assim, observa-se que as Defensorias da União e dos Estados se manifestaram pela implementação das condições legais do encarceramento, baseado nos princípios da dignidade da pessoa humana, da legalidade e da individualização das penas. Para além dos argumentos acostados no RE nº 641.320, pode-se afirmar que a Defensoria Pública tem adotado esse entendimento em diversas outras ocasiões. Podem ser citados como exemplos desse posicionamento as demandas de interdição de presídios em razão de superlotação e insalubridade[15], de autorização para prisão domiciliar em casos além dos expressos no artigo 117 da Lei de Execução Penal (LEP), tal como em casos de mães de menores de 12 anos, presas preventivamente[16], de indenização por danos morais[17], dentre outras.

2.1.3. O julgamento do Recurso Extraordinário nº 641.320 no Supremo Tribunal Federal

Em 16 de junho de 2011, o Plenário do Supremo Tribunal Federal reconheceu a Repercussão Geral da questão constitucional no Recurso Extraordinário nº 641.320, com a seguinte ementa:

> Constitucional. 2. Direito Processual Penal. 3. Execução Penal. 4. Cumprimento de pena em regime menos gravoso, diante da impossibilidade de o Estado fornecer vagas para o cumprimento no regime originalmente estabelecido na condenação penal. 5. Violação dos artigos l Q, III, e 5Q, II, XLVI e LXV, ambos da Constituição Federal. 6. Repercussão geral reconhecida.

Em razão da importância do tema, o Ministro Gilmar Mendes convocou Audiência Pública para ouvir autoridades e membros da sociedade em geral e colher contribuições diversas

15. A título exemplificativo, pode-se citar a decisão liminar pela interdição do presídio feminino de Florianópolis/SC: Autos n° 0307626-89.2017.8.24.0023. Ação: *Habeas Corpus*/PROC, paciente-impetrante: Defensoria Pública do Estado de Santa Catarina.

16. Relevante e recente exemplo de ação impetrada pela Defensoria Pública da União em favor de todas as mulheres presas preventivamente que ostentem a condição de gestantes, de puérperas ou de mães de crianças sob sua responsabilidade, bem como em nome das próprias crianças: *Habeas Corpus* nº 143.641/SP, DJe 9.10.2018.

17. O exemplo mais representativo a respeito de indenização de danos aos presos será demonstrado no item 2.3.3, no Recurso Extraordinário nº 580.252 e a responsabilidade civil do estado em decorrência da superlotação carcerária e a indenização por danos morais.

sobre aspectos administrativos, científicos, técnicos, jurídicos, econômicos e políticos relacionados ao encarceramento em massa no Brasil. Durante o andamento da audiência, foram solicitadas diversas informações aos órgãos responsáveis pela administração penitenciária, em especial a quantidade de estabelecimentos penais apropriados, de presos e de estabelecimentos em construção.

As autoridades públicas prestaram informações durante a audiência pública, realizada em 28 de maio de 2013, por meio de ofícios com respostas às perguntas do Ministro Relator, que foram juntados aos autos do processo. As informações, os depoimentos e os dados apresentados pelos Governos dos Estados, que serão analisados no capítulo 3, constam no anexo 1 deste livro.

O voto do Ministro Gilmar Mendes[18], relator do Recurso Extraordinário nº 641.320, foi estruturado em cinco partes, quais sejam: (i) diagnóstico da execução penal nos regimes de cumprimento de pena semiaberto e aberto; (ii) análise de manutenção do condenado no regime mais gravoso, em caso de falta de vagas no regime adequado; (iii) consequências do direito de não ser mantido no regime mais gravoso e teses para a repercussão geral; (iv) proposição de medidas a serem tomadas pelo Conselho Nacional de Justiça (CNJ) e. (v) análise dos itens acima relacionada ao caso concreto.

Em diferentes partes do voto, verifica-se a presença de importantes pressupostos teóricos relacionados ao direito fundamental a um estabelecimento penal digno e adequado, o que permite um diálogo constante com o marco teórico apresentado no primeiro capítulo deste trabalho.

Na primeira parte do voto, o Ministro destaca que o atual sistema progressivo de cumprimento de penas não está funcionan-

18. BRASIL. Supremo Tribunal Federal. Recurso Extraordinário nº 641.320. Tribunal Pleno. Ministro Relator Gilmar Mendes, 11 mai. 2016.

do de acordo com as premissas estabelecidas pela Lei de Execução Penal. Na fundamentação desse raciocínio, apresentou dados do Departamento Penitenciário Nacional que apontavam a existência de 32.460 (trinta e dois mil, quatrocentos e sessenta) apenados com direito à progressão de regime, mas que permaneciam no regime fechado por falta de vagas em unidades do tipo semiaberto. Ressaltou, ainda, a existência de *déficit* de 22.343 (vinte e duas mil, trezentos e quarenta e três) vagas nos estabelecimentos destinados ao cumprimento da pena no regime semiaberto e de 8.084 (oito mil e oitenta e quatro) nos destinados ao regime aberto. Os dados utilizados pelo Ministro Gilmar Mendes para fundamentar essa parte do voto estão sistematizados na Tabela 1[19]:

Tabela 1- Relação: quantitativo do número de vagas disponíveis, da quantidade de presos e do *déficit* de vagas em estabelecimentos adequados ao cumprimento dos regimes aberto e semiaberto de cumprimento de pena

Regime	Semiaberto	Aberto
Número de vagas	67.296	6.952
Quantidade de presos	89.639	15.036
Déficit	22.343	8.084

Outra estatística relevante utilizada pelo Ministro dizia respeito à quantidade de apenados em regime de prisão domiciliar no Brasil. À época, eram 147.937 (cento e quarenta e sete mil, novecentos e trinta e sete) condenados que haviam progredido de regime, mas que cumpriam pena em regime domiciliar, in-

19. Os dados apresentados no Recurso Extraordinário foram extraídos das informações do DEPEN relativos ao ano de 2014.
Trazemos, a título de comparação, dados do DEPEN, apresentados em 2017: Regime fechado 276.471 presos e 171.664 vagas; Regime semiaberto: 111.176 presos e 65.580 vagas; Regime aberto: 42.527 presos e 5.560 vagas. Dados do DEPEN, ano base de 2016, publicado em 2017. Disponível em http://depen.gov.br/DEPEN/noticias-1/noticias/infopen-levantamento-nacional-de-informacoes-penitenciarias-2016/relatorio_2016_22111.pdf , p. 15. Acesso em: 10 de setembro de 2018.

cluídos os que estavam em domiciliar por razões humanitárias. Assim, o déficit de vagas apresentado na Tabela 1 era bem maior, se considerarmos o que dispõe a legislação, isto é, que o regime aberto deveria ser cumprido em casa do albergado ou outro estabelecimento adequado[20].

Em relação ao regime aberto, o Ministro advertiu que existiam apenas 65 instituições denominadas "casa do albergado" em todo o país. Em consonância com essa afirmação, apresentou dados do Conselho Nacional de Justiça (CNJ) que demonstravam que 17 (dezessete) unidades da Federação descumpriam as exigências da Lei de Execução Penal relacionadas à casa de albergado[21].

Em seu voto, o Ministro Gilmar Mendes apresentou a quantidade de estabelecimentos adequados aos respectivos regimes semiaberto (colônia agrícola, industrial ou similar), aberto (casa do albergado) e fechado (penitenciárias e cadeias públicas) no Brasil. É o que demonstra a Tabela 2[22]:

Tabela 2 – Quantidade de estabelecimentos por tipo de regime (Brasil)

Semiaberto	73
Aberto	65
Penitenciárias	470
Cadeias Públicas	826

20. Código Penal, artigo 33, alínea *"c"*: regime aberto a execução da pena em casa de albergado ou estabelecimento adequado.

21. São os seguintes Estados que não possuem regime aberto: Acre, Alagoas, Amapá, Distrito Federal, Espírito Santo, Goiás, Maranhão, Mato Grosso, Pará, Pernambuco, Paraná, Rio de Janeiro, Rio Grande do Norte, Rio Grande do Sul, São Paulo, Sergipe e Tocantins.

22. Os dados apresentados no Recurso Extraordinário foram extraídos das informações do DEPEN relativos ao ano de 2014. Trazemos, a título de comparação, dados do DEPEN, apresentados em 2017: Tipos de estabelecimento de acordo com a destinação originária: Regime fechado: 347 estabelecimentos (24%); Regime semiaberto: 113 estabelecimentos (8%); Regime aberto: 23 estabelecimentos (2%); Presos provisórios 707,49%; Locais destinados a diversos tipos de regime: 192 estabelecimentos (13%).

Ainda em relação à primeira parte do voto, deve-se considerar que os dados utilizados no julgamento do Recurso Extraordinário referiam-se ao ano de 2014. Não obstante a isso, pode-se afirmar que a situação atual do sistema penitenciário brasileiro permanece crítica, sendo o aumento diário da população penitenciária um dos diversos problemas do sistema carcerário brasileiro (CNJ, 2017)[23].

O Recurso Extraordinário trata especialmente da ausência de vagas para o cumprimento de pena privativa de liberdade em regime semiaberto e aberto. Assim, sobre a possibilidade de se manter o condenado em regime mais gravoso –fechado- ante a falta de vagas no sistema adequado, o Ministro demonstrou que, em razão da garantia constitucional da individualização da pena e da legalidade, a manutenção do apenado em regime mais gravoso não é uma alternativa, tendo em vista se tratar de excesso de execução.

Em alinhamento com esse entendimento do Ministro, pode-se citar a doutrina de Luiz Regis Prado e Mário Coimbra, que sustentam, conforme detalhado no capítulo 1, que o princípio da individualização da pena é uma diretriz fundamental à execução penal:

> O princípio da individualização da pena consiste em uma diretriz constitucional orientadora de imposição, aplicação e execução da pena (art. 5º, XLVI), no sentido de que o condenado não só receba a pena adequada e prevenção do crime, dentre

23. Agência CNJ de Notícias. Levantamento dos Presos Provisórios do País e Plano de Ação dos Tribunais., fevereiro de 2017. Disponível em: <http://www.cnj.jus.br/noticias/cnj/84371-levantamento-dos-presos-provisorios-do-pais-e-plano-de-acao-dos-tribunais>. Acesso em: 20 de maio de 2018. Outro dado importante, porém, não citado do RE, é em relação a parcela de presos provisórios no Brasil, que é cerca de 34%, segundo dados do CNJ de 2017: http://www.cnj.jus.br/noticias/cnj/84371-levantamento-dos-presos-provisorios-do-pais-e-plano-de-acao-dos-tribunais.

> os critérios previamente estabelecidos em lei, mas que também, no decorrer da execução, receba o condenado a devida atenção do Estado, não só no que tange às suas características pessoais, mas que, de igual forma, a expiação seja atenuada, à medida que se constaste uma prognose positiva de reeducação penal. (PRADO, COIMBRA, 2013, p. 65)

Por outro lado, este entendimento não é unânime na doutrina. Em perspectiva contrária, Alexandre de Moraes e Gianpaolo Smanio são expressamente contrários à tese de que, mesmo na ausência de vagas no regime semiaberto, aquele que tem direito à progressão do regime fechado ao intermediário, deve permanecer aguardando no fechado:

> O sentenciado que, preenchendo todos os requisitos previstos para a progressão do regime fechado para o semiaberto, não puder efetivá-la por ausência de vagas em colônias penais agrícolas, industriais ou similares, deverá aguardar no regime fechado, se possível em cela especial, a abertura de vagas, uma vez que a inércia do Estado em resolver o problema carcerário não poderá permitir a concessão indiscriminada de progressões do regime fechado diretamente ao regime aberto (progressão por saltos). (MORAES, SMANIO, 2008, p. 164)

Ainda sobre a individualização da pena, o relator alerta que a violação a esse princípio é ainda mais indiscutível, considerando que o artigo 5º, inciso XXXIX, da Constituição Federal estabelece que as penas devem ser cominadas em lei e que o Código Penal e a Lei de Execução Penal preveem o direito à progressão de regime.

Em significativa análise sobre os direitos dos presos contrapostos aos desejos da sociedade relacionados à segurança pública, o relator afasta qualquer possibilidade de ponderação desses direitos. Afirma que o princípio da legalidade e da dignidade humana dos presos são violados quando o Estado consente na execução excessiva de pena, pois, todos têm direito à humanidade, mesmo em casos de crimes graves. Confira-se:

> No entanto, a execução de penas corporais em nome da segurança pública só se justifica com a observância de estrita legalidade. Regras claras e prévias são indispensáveis. Permitir que o Estado execute a pena de forma deliberadamente excessiva seria negar não só o princípio da legalidade, mas a própria dignidade humana dos condenados – art. 1º, III. Por mais grave que seja o crime, a condenação não retira a humanidade da pessoa condenada. Ainda que privados de liberdade e dos direitos políticos, os condenados não se tornam simples objetos de direito, mas persistem em sua imanente condição de sujeitos de direitos. A Constituição chega a ser expletiva nesse ponto, ao afirmar o direito à integridade física e moral dos presos (art. 5º, XLIX). Disso concluo que não se pode ponderar o interesse da segurança pública com os direitos à individualização da pena e à legalidade, sem se desconsiderar que os presos também são pessoas, dotadas de imanente dignidade. Dessa forma, não será a ponderação de princípios que autorizará o Estado a deixar de cumprir a lei que confere direitos aos condenados durante a execução das penas. Na medida em que os regimes existem, resta ao Estado disponibilizar vagas em estabelecimentos penais adequados à execução da pena no regime adequado.

No final deste segundo trecho do voto, destaca a possibilidade de o cumprimento de penas em regime semiaberto em estabelecimento, que não se caracteriza como colônia de trabalho, considerando que a lei prevê a possibilidade de estabelecimento "similar". Finaliza com o entendimento de que caberá aos juízes da execução penal avaliar os estabelecimentos destinados ao regime semiaberto e aberto, para qualificação como adequados a tais regime.

Em vários trechos do voto do Ministro Relator, pode-se estabelecer um nítido diálogo com os pressupostos teóricos abordados no capítulo 1 desta obra sobre o direito à humanidade dos presos e o direito fundamental a um estabelecimento penal digno e adequado.

Por exemplo, ao afirmar que *permitir que o Estado execute a pena de forma deliberadamente excessiva seria negar não só o princípio da legalidade, mas a própria dignidade humana dos condenados*, a decisão do Ministro Gilmar Mendes coaduna-se com um amplo espectro de teóricos que propõem uma análise crítica e abrangente do princípio da legalidade, opondo-se ao entendimento tradicional que limita a aplicação deste princípio à cominação e aplicação da pena e, consequentemente, negligenciando os mandamentos legais relacionados aos direitos dos presos relacionados à execução penal.

Nesse ponto, alinha-se, por exemplo, à perspectiva proposta por Luiz Régis Prado e Mário Coimbra (2013, p. 57), segundo a qual o princípio da legalidade aplicado à execução penal busca evitar a discricionariedade na atuação da administração penitenciária, propiciando, assim, uma série de garantias ao condenado.

Este trecho da decisão concilia-se também com autores que defendem que a pena não pode desconhecer o réu enquanto pessoa humana nem tem a finalidade de impor sofrimento ao condenado. Essa percepção está expressa na obra de Nilo Batista (2001), que, recorrendo a outros renomados autores, afirma que *a pena nem 'visa fazer sofrer o condenado', como bem observou Fragoso, nem pode desconhecer o réu enquanto pessoa humana, como assinala Zaffaroni, e é esse o fundamento do princípio da humanidade.*

Na esteira dessas reflexões, pode-se incluir as ponderações de Maia Neto sobre as dificuldades de o preso defender o respeito aos princípios de legalidade e justiça quando está em cumprimento de pena, ou seja, durante a execução penal:

> A impotência da pessoa presa ou internada constitui poderoso obstáculo à autoproteção de direitos ou ao cumprimento dos princípios de legalidade e justiça que devem nortear o procedimento executivo. Na ausência de tal controle, necessariamente judicial, o árbitro torna inseguras as suas próprias vítimas, e o descompasso entre o crime e sua punição transforma a desproporcionalidade em fenômeno de hipertrofia e de abuso de poder. (MAIA NETO, 1998, p. 221)

Além de fixar importantes pressupostos teóricos, o voto destaca que, atualmente, as possibilidades práticas dos juízes da execução penal e dos desembargadores são duas: manter o apenado no regime mais gravoso ou conceder a saída antecipada. A despeito de a prisão domiciliar ser de difícil fiscalização e de pouca eficácia se aplicada isoladamente, o voto é claro ao permitir sua utilização até que sejam estruturadas outras medidas alternativas.

Na sequência do voto, o relator discute os limites e possibilidades de três medidas alternativas – a saída antecipada de sentenciado no regime com falta de vagas, a liberdade eletronicamente monitorada, o cumprimento de penas restritivas de direito e/ou estudo – e reflete sobre a aplicação prática de cada uma delas[24].

A primeira medida proposta no voto, que será objeto de análise no capítulo 3 é a saída antecipada de sentenciado no regime com falta de vagas. Mais especificamente, o voto propõe a saída antecipada dos apenados que já estão no regime de destino, com o objetivo de garantir a disponibilização de vagas para ocupação por novos apenados em progressão de regime. Entretanto, o relator reconhece que o problema desta medida é a falta de tecnologia que faça o monitoramento e gestão das vagas para fins de progressão de regime. Diante disso, aponta como possível solução a criação de uma espécie de "cadastro nacional de presos" para que seja uniformizado o tratamento aos sentenciados, ou seja, para que a saída antecipada seja deferida ao sentenciado que atenda aos requisitos subjetivos e que esteja mais próximo de satisfazer o requisito objetivo (CNJ, 2018)[25].

---

24. Nessa parte, é tratada também a questão da decisão manipulativa, ou seja, a possibilidade de o Supremo Tribunal Federal adotar entendimento que modifica o ordenamento jurídico. Nesse ponto, o Ministro Gilmar Mendes destaca que há providências de ordem administrativa e de política judiciária que podem ser efetivadas apesar de alterações legislativas.

25. MONTENEGRO, Manuel Carlos. Agência CNJ de Notícias. Com BNMP 2.0, CNJ reduz divergências sobre população carcerária., jan. 2018. Disponível em: <http://www.

A segunda medida sugerida é a liberdade eletronicamente monitorada, especialmente aos presos do regime semiaberto. Contudo, as adversidades dessa sugestão são a ausência de previsão legal para a prisão domiciliar para casos que não sejam de caráter humanitário[26], a falta de casa ou família que acolha o apenado, a convivência com os parentes e as dificuldades de caráter econômico e social, além de questões relacionadas à fiscalização do trabalho fora da residência. Como sugestões, o relator traz a fiscalização do trabalho externo em tempo real, o estabelecimento de horários e rotas para cada caso concreto e a criação de centrais de monitoramento. Esta segunda medida também será objeto de estudo no capítulo 3, pois pode ser aplicada à primeira medida de saída antecipada.

Já a terceira medida apresentada é o cumprimento de penas restritivas de direito e/ou estudo, em especial aos condenados ao regime aberto. Defende-se que, a despeito de não haver progressão de pena de privativa de liberdade para restritiva de direito, está é uma proposta vantajosa. Assim, sugere-se o estudo vinculado a outras medidas alternativas que deverão ser aplicadas pelo juiz da execução penal, com base na realidade prisional do Estado em que atua. Esta terceira proposta não foi objeto de análise no capítulo 3, em razão da opção de recorte metodológico da pesquisa.

---

cnj.jus.br/noticias/cnj/85980-com-bnmp-2-0-cnj-reduz-divergencias-sobre-populacao-carceraria>. Acesso em: 20 de maio de 2018. Essa medida já está sendo desenvolvida no Brasil. O CNJ criou o Banco Nacional de Monitoramento dos Presos (BNMP 2.0), previsto para operar nacionalmente em maio de 2018 e que já está vigorando em Roraima, Goiânia, Santa Catarina e Paraná, segundo informações de janeiro de 2018: http://www.cnj.jus.br/noticias/cnj/85980-com-bnmp-2-0-cnj-reduz-divergencias-sobre-populacao-carceraria.

26. Lei de execução penal, artigo 117: Somente se admitirá o recolhimento do beneficiário de regime aberto em residência particular quando se tratar de: I- condenado maior de 70 (setenta) anos; II- condenado acometido de doença grave; III- condenada com filho menor ou deficiente físico ou mental; IV- condenada gestante.

Outro ponto que merece destaque no voto do Ministro Relator diz respeito à importância atribuída aos órgãos responsáveis direta ou indiretamente pela gestão do sistema prisional e à comunidade jurídica em geral para a formulação, implementação e acompanhamento das seguintes propostas: (i) a criação do cadastro nacional de presos pelo Conselho Nacional de Justiça, ou seja, um sistema que informe ao juiz da Execução Penal as datas previstas para progressão e livramento condicional, permitindo a saída antecipada dos apenados mais próximos do cumprimento total da pena (ii) a criação de centrais de monitoração eletrônica e penas alternativas, pelo Conselho Nacional de Justiça, para padronização das centrais de monitoração, em todos os Estados; (iii) trabalho e estudo na prisão para fins de remissão de pena e favorecimento da ressocialização e expansão do Programa Começar de Novo, pelo Conselho Nacional de Justiça e; (iv) aumento do número de vagas nos regimes semiaberto e aberto, liberação de recursos do Fundo Penitenciário Nacional (FUNPEN) e estabelecimento de parcerias público-privadas.

Em relação a esses e outros problemas de gestão do sistema penitenciário, é importante destacar a recorrente falta de interesse e priorização política dos órgãos encarregados da gestão do sistema e da comunidade em geral. Como bem destacado por Gilmar Mendes (MENDES, 2013), em sede doutrinária, os impasses do atual modelo de gestão prisional são conhecidos há tempos, muito embora não tenham sido enfrentados decisivamente nas agendas políticas das últimas décadas.

Em perspectiva doutrinária semelhante, Matos expõe a falta de compromisso político com o problema da gestão do sistema penitenciário em um contexto de encarceramento em massa[27]:

27. Camila Guedes chega a afirmar que o governo consente com o caos existente no cárcere e permite a violação à dignidade da pessoa humana, a despeito de ser o principal encarregado da defesa do mínimo existencial das pessoas presas. Conferir GUEDES, 2017.

> Ora, o grande problema das prisões no Brasil é carcerário; a mídia mostra rebeliões de presos quase todos os dias, motivadas justamente por superpopulação de celas... O governo não tem demonstrado interesse - apenas promessas eternamente não cumpridas - em dispor de verbas para a construção de grandes presídios, sobretudo regionais, nas cidades pólos de cada Estado. (MATOS, 2006, p. 238)

Em apertada síntese, foi a partir dessas premissas teóricas fixadas pelo Ministro Relator que se estabeleceu o Tema 423 da Repercussão Geral, que diz respeito à viabilidade do cumprimento de pena em regime menos gravoso ante a falta de vagas em estabelecimento penitenciário adequado[28].

---

28. Acórdão nos seguintes termos: "*Vistos, relatados e discutidos estes autos, acordam os ministros do Supremo Tribunal Federal, em sessão plenária, sob a presidência do ministro Ricardo Lewandowski, na conformidade da ata do julgamento e das notas taquigráficas, por maioria e nos termos do voto do Relator, dar parcial provimento ao extraordinário, apenas para determinar que, havendo viabi1idade, ao invés da prisão domiciliar, observe-se: (i) a saída antecipada de sentenciado no regime com falta de vagas; (ii) a liberdade eletronicamente monitorada do recorrido, enquanto em regime semiaberto; (iii) o cumprimento de penas restritivas de direito e/ou estudo ao recorrido após progressão ao regime aberto; vencido Marco Aurélio, que o desprovia. Em seguida, apreciando o Tema 423 da repercussão geral, fixar tese nos seguintes termos: a) a falta de estabelecimento penal adequado não autoriza a manutenção do condenado em regime prisional mais gravoso; b) os juízes da execução penal poderão avaliar os estabelecimentos destinados aos regimes semiaberto e aberto, para qualificação coma adequados a tais regimes. São aceitáveis estabelecimentos que não se qualifiquem coma "colônia agrícola, industrial" (regime semiaberto) ou "casa de albergado ou estabelecimento adequado" (regime aberto; art. 33, § I Q, alíneas "b" e "e"); c) havendo déficit de vagas, deverá determinar-se: (i) a saída antecipada de sentenciado no regime com falta de vagas; (ii) a liberdade eletronicamente monitorada ao sentenciado que sai antecipadamente ou é posto em prisão domiciliar por falta de vagas; (iii) o cumprimento de penas restritivas de direito e/ou estudo ao sentenciado que progride ao regime aberto. Até que sejam estruturadas as medidas alterativas propostas, poderá ser deferida prisão domiciliar ao sentenciado*".

Após o voto do Ministro Relator[29], no que foi acompanhado pelo Ministro Edson Fachin, o julgamento foi suspenso, com pedido de vista. Posteriormente, em voto-vista, o Ministro Teori Zavascki chamou atenção para o gravíssimo problema do siste-

---

29. A ementa do voto condutor ficou assim colacionada: "*Constitucional. Direito Penal. Execução penal. Repercussão geral. Recurso extraordinário representativo da controvérsia. 2. Cumprimento de pena em regime fechado, na hipótese de inexistir vaga em adequado a seu regime. Violação aos princípios da individualização da pena (art. 5º, XLVI) e da legalidade (art. 5º, XXXIX). A falta de estabelecimento penal adequado não autoriza a manutenção do condenado em regime prisional mais gravoso. 3. Os juízes da execução penal poderão avaliar os estabelecimentos destinados aos regimes semiaberto e aberto, para qualificação coma adequados a tais regimes. São aceitáveis estabelecimentos que não se qualifiquem coma "colônia agrícola, industrial" (regime semiaberto) ou "casa de albergado ou estabelecimento adequado" (regime aberto) (art. 33, § P, alíneas "b" e "c"). No entanto, não deverá haver alojamento conjunto de presos dos regimes semiaberto e aberto com presos do regime fechado. 4. Havendo déficit de vagas, deverão ser determinados: (i) a saída antecipada de sentenciado no regime com fa1ta de vagas; (ii) a liberdade eletronicamente monitorada ao sentenciado que sai antecipadamente ou é posto em prisão domiciliar por falta de vagas; (iii) o cumprimento de penas restritivas de direito e/ou estudo ao sentenciado que progride ao regime aberto. Até que sejam estruturadas as medidas alterativas propostas, poderá ser deferida a prisão domiciliar ao sentenciado. 5. Apelo ao legislador. A legislação sobre execução penal atende aos direitos fundamentais dos sentenciados. No entanto, o plano legislativo está tão distante da realidade que sua concretização é absolutamente inviável. Apelo ao legislador para que ava1ie a possibilidade de reformular a execução penal e a legislação correlata, para: (i) reformular a legislação de execução penal, adequando à realidade, sem abrir mão de parâmetros rígidos de respeito aos direitos fundamentais; (ii) compatibilizar os estabelecimentos penais à atual realidade; (iii) impedir o contingenciamento do FUNPEN; (iv) facilitar a construção de unidades funcionalmente adequadas - pequenas, capilarizadas; (v) permitir o aproveitamento da mão-de-obra dos presos nas obras de civis em estabelecimentos penais; (vi) limitar o número máximo de presos por habitante, em cada unidade da federação, e revisar a escala penal, especialmente para o tráfico de pequenas quantidades de droga, para permitir o planejamento da gestão da massa carcerária e a destinação dos recursos necessários e suficientes para tanto, sob pena de responsabilidade dos administradores públicos; (vii) fomentar o trabalho e estudo do preso, mediante envolvimento de entidades que recebem recursos públicos, notadamente os serviços sociais autônomos; (viii) destinar as verbas decorrentes da prestação pecuniária para criação de postos de trabalho e estudo no sistema prisional. 6. Decisão de caráter aditivo. Determinação que o Conselho Nacional de Justiça apresente: (i) projeto de estruturação do Cadastro*

ma penitenciário brasileiro e destacou a necessidade de *ao menos atenuar as graves consequências práticas decorrentes da inexistência de vagas suficientes para viabilizar a adequada execução das sentenças condenatórias no que toca ao regime de cumprimento da pena imposta*[30].

Nacional de Presos, com etapas e prazos de implementação, devendo o banco de dados conter informações suficientes para identificar os mais próximos da progressão ou extinção da pena; (ii) relatório sobre a implantação das centrais de monitoração e penas alterativas, acompanhado, se for o caso, de projeto de medidas ulteriores para desenvolvimento dessas estruturas; (iii) projeto para reduzir ou eliminar o tempo de análise de progressões de regime ou outros benefícios que possam levar à 1iberdade; (iv) relatório deverá ava1iar (a) a adoção de estabelecimentos penais alterativos; (b) o fomento à oferta de trabalho e o estudo para os sentenciados; (c) a facilitação da tarefa das unidades da Federação na obtenção e acompanhamento dos financiamentos com recursos do FUNPEN; (d) a adoção de melhorias da administração judiciária ligada à execução penal. 7. Estabelecimento de interpretação conforme a Constituição para (a) excluir qualquer interpretação que permita o contingenciamento do Fundo Penitenciário Nacional (FUNPEN), criado pela Lei Complementar 79/94; b) estabelecer que a utilização de recursos do Fundo Penitenciário Nacional (FUNPEN) para financiar centrais de monitoração eletrônica e penas alterativas é compatível com a interpretação do art. 3Q da Lei Complementar 79/94. 8. Caso concreto: o Tribunal de Justiça reconheceu, em sede de apelação em ação penal, a inexistência de estabelecimento adequado ao cumprimento de pena privativa de liberdade no regime semiaberto e, coma consequência, determinou o cumprimento da pena em prisão domiciliar, até que disponibilizada vaga. Recurso extraordinário provido em parte, apenas para determinar que, havendo viabilidade, ao invés da prisão domiciliar, sejam observados (i) a saída antecipada de sentenciado no regime com falta de vagas; (ii) a liberdade eletronicamente monitorada do recorrido, enquanto em regime semiaberto; (iii) o cumprimento de penas restritivas de direito e/ou estudo ao sentenciado após progressão ao regime aberto".

30. Trecho voto-vista: "*Realmente, a preocupação de dar solução ao gravíssimo problema carcerário no Brasil tem sido, como sabemos, pauta importante das atenções, não somente desta Suprema Corte, como também, de modo específico, do Conselho Nacional de Justiça, que, seja por imposição de lei, seja para dar cumprimento a decisões do Supremo, desenvolve importantes e permanentes políticas nesse sentido. Agora, mais uma vez, há, como visto, uma inegável convergência de opiniões sobre a inadiável necessidade de adotar medidas concretas que permitam, tal como apontado pelo Ministro Relator, se não eliminar, pelo menos atenuar as graves consequências práticas decorrentes da inexistência de vagas suficientes para viabilizar a adequada execução das sentenças condenatórias no que toca ao regime de cumprimento da pena imposta. Seja em forma de reco-*

Nessa perspectiva, o Ministro Teori Zavascki afirmou que a atuação do STF no recurso não se trata de ativismo judicial, no sentido pejorativo, tendo em vista ser intervenção lícita do Poder Judiciário diante de um problema de natureza sistêmica. Alertou que a solução apontada pelo Ministro Relator não ofende a separação dos poderes, pois *as diligências e medidas propostas se exaurem no âmbito do próprio sistema judicial de execução das penas*. Reconheceu, ademais, que envolvem *medidas de caráter administrativo, mas que são também próprias do Judiciário quando administra a execução das penas*[31].

Já o Ministro Celso de Mello acompanhou integralmente o voto do relator e chamou a atenção para o fato de que o Poder Executivo, competente para construir estabelecimentos penais, não tem cumprido suas obrigações legais e que a consequência disto é a frustação dos direitos subjetivos do sentenciado[32].

---

mendação, seja em forma de determinação, o que importa é que a participação do Conselho Nacional de Justiça é indispensável e, no caso, está sendo atendida".

31. Trechos do voto do Ministro Teori Zavascki, p. 67.

32. Trechos do voto do Ministro Celso de Melo: *"A razão desse meu posicionamento apoia-se no fato de que o Poder Executivo, a quem compete construir estabelecimentos penitenciários, viabilizar a existência de colônias penais (agrícolas e industriais) e de casas do albergado, além de propiciar a formação de patronatos públicos e de prover os recursos necessários ao fiel e integral cumprimento da própria Lei de Execução Penal, forjando condições que permitam a consecução dos fins precípuos da pena, em ordem a possibilitar "a harmônica integração social do condenado e do internado" (LEP, art. 1º, "in fine"), não tem adotado as medidas essenciais ao adimplemento de suas obrigações legais, muito embora a Lei de Execução Penal (que é de 1984) preveja, em seu art. 203, decorridos, portanto, quase 32 anos do início de sua vigência (!!!), mecanismos destinados a compelir as unidades federadas a projetarem a adaptação e a construção de estabelecimentos e serviços penais previstos em referido diploma legislativo, inclusive com expressa determinação para que forneçam os equipamentos necessários ao regular funcionamento do sistema penitenciário.(...) Não se revela aceitável, desse modo, que, por (crônicas) deficiências estruturais do sistema penitenciário ou por incapacidade de o Estado prover recursos materiais que viabilizem a implementação das determinações impostas pela Lei de Execução Penal – que constitui exclusiva obrigação do Poder Público –, venha a ser frustrado o exercício, pelo sentenciado, de direitos subjetivos que lhe são conferidos pelo ordenamento positivo, como, p.*

No último voto da Corte, o Ministro Ricardo Lewandowski acompanhou o relator e, reconhecendo a insegurança da prisão domiciliar, sugeriu a liberdade eletronicamente monitorada aos apenados de regime semiaberto e o cumprimento de medidas restritivas de direito e estudo aos de regime aberto[33].

Por fim, cabe informar que, durante o andamento do RE nº 641.320, o apenado foi transferido para presídio estadual São Francisco de Assis, considerado estabelecimento adequado ao regime semiaberto, conforme informado nos autos do Recurso Extraordinário.

2.2. OUTRAS DECISÕES RELEVANTES DO STF RELACIONADAS AO SISTEMA PRISIONAL

Ao longo das últimas décadas, o problema da superlotação carcerária e das condições dos presídios brasileiros foi debatido pelo Supremo Tribunal Federal (STF) em diversas oportunidades. Dessa forma, propõe-se a compreensão do Recurso Extraordinário nº 641.320 a partir de uma perspectiva analítica mais ampla, que contemple também outros posicionamentos da Corte. É com esse objetivo que tangenciamos nesta seção outros importantes julgamentos do STF relacionados à crise do sistema penitenciário brasileiro.

---

ex., o de iniciar, desde logo, quando assim ordenado na sentença (como sucede no caso), o cumprimento da pena em regime de prisão domiciliar quando inexistentes vagas adequadas à execução da pena em regime semiaberto".

33. Trecho do voto do Ministro Ricardo Lewandowki: *"A prisão domiciliar é aquela em que o preso fica praticamente sem qualquer tipo de supervisão e, como alternativas prévias à prisão domiciliar, que me parecem bastante razoáveis, há a saída antecipada do sentenciado do regime, tendo em vista a falta de vagas, a liberdade eletronicamente monitorada do recorrido, enquanto em regime semiaberto, o cumprimento de penas restritivas de direito e o estudo, ao recorrido, após a progressão ao regime aberto. Então, parece-me que isso dá mais segurança ao sistema, porque não se trata de simplesmente conceder desde logo, sem maior reflexão por parte do juízo de execução, a prisão domiciliar. Existem alternativas que dão mais garantias à sociedade".*

No STF, um dos primeiros julgamentos nessa seara, e com profundo valor histórico, refere-se ao *Habeas Corpus* nº 67.075-5/SP, julgado em 28 de fevereiro de 1989. Naquela ocasião, o Ministro Relator, Carlos Madeira, concedeu a ordem e, por unanimidade, o acórdão reconheceu a existência de constrangimento ilegal e, consequentemente, concedeu a remoção do paciente para regime menos gravoso em decorrência de progressão. A ementa foi assim colacionada[34]:

> CRIMINAL. REGIME PRISIONAL. CONSTRANGIMENTO ILEGAL CONSISTENTE NA PERMANÊNCIA NO REGIME FECHADO, MESMO APÓS BENEFICIADO COM A PROGRESSÃO PARA O REGIME SEMI-ABERTO. ORDEM CONCEDIDA PARA QUE SEJA PROVIDENCIADA A IMEDIATA REMOÇÃO DO PACIENTE PARA ESTABELECIMENTO PENAL DESTINADO AO REGIME SEMIABERTO.

Na mesma esteira dessa decisão, pode-se citar os *Habeas Corpus* de nº 68.310-0/DF, julgado em 1990, relator o Ministro Marco Aurélio; de nº 74.732-9/SP, julgado em 1998, relatado pelo Ministro Neri da Silveira; de nº 76.930-9/SP, julgado em 1999, com a relatoria do Ministro Sepúlveda Pertence, dentre vários outros. Percebe-se, portanto, que o problema da manutenção de apenado em regime mais gravoso é uma realidade que há muito se faz presente no sistema prisional brasileiro.

Mais recentemente, tem-se três casos emblemáticos sobre o funcionamento do sistema penitenciário brasileiro: a Arguição de Descumprimento de Preceito Fundamental nº 347, o Recurso Extraordinário nº 592.581 e o Recurso Extraordinário nº 580.252/MS, que serão analisados na sequência.

34. Supremo Tribunal Federal. *Habeas Corpus* nº 67.075-5/SP.

2.2.1. A Arguição de Descumprimento de Preceito Fundamental nº 347 e o Estado de Coisas Inconstitucional

Antes de analisar o julgamento da Arguição de Descumprimento de Preceito Fundamental nº 347 pelo STF, deve-se registrar que a teoria do "estado de coisas inconstitucional" pode ser compreendida como *a possibilidade de uma Corte Constitucional*, como o STF, ao verificar constante omissão dos poderes Legislativo e Executivo, *condenar o próprio Estado a implantar políticas públicas em casos de extrema gravidade estrutural*, ou seja, condenar o Estado a uma mudança drástica estrutural, configurando um 'freio de arrumação' (RAVAZZANO, 2017, p. 219).

A primeira Corte Constitucional a inaugurar a tese do estado de coisas inconstitucional foi a colombiana, em 1997. Na sentença conhecida por Unificación (SU), a Corte declarou o Estado de Coisas Inconstitucional em razão do desrespeito aos diretos previdenciários de considerável grupo de professores de alguns Municípios da Colômbia. Por consequência, a Corte determinou que os Municípios condenados corrigissem a inconstitucionalidade em tempo razoável.

No ano seguinte, a Corte colombiana declarou o estado de coisas inconstitucional em relação à superlotação dos presídios do país. A *Sentença de Tutela* – nº 153 – verificou a violação dos direitos fundamentais dos presos e determinou a melhoria dos estabelecimentos, além da organização do orçamento com o fim de reformar o sistema penitenciário. Contudo, a soberania da Corte foi insuficiente e a sentença não teve efeitos práticos no sistema penal do país (VIEIRA JÚNIOR, 2015, p. 17).

No Brasil, por meio da Arguição de Descumprimento de Preceito Fundamental nº 347, o Partido Socialismo e Liberdade (PSOL), representado por Daniel Sarmento, da Universidade Estadual do Rio de Janeiro (UERJ), e sob inspiração jurisprudencial da Corte Constitucional da Colômbia, pede que o STF declare o

Estado de Coisas Inconstitucional (ECI)[35] do sistema carcerário e imponha aos Poderes – sobretudo ao Executivo – a formulação e execução de planos de ação para a superação do ECI, sob coordenação dialógica do Judiciário. Sustenta, assim, que é missão do Tribunal superar "bloqueios institucionais" e promover o diálogo com os outros poderes e com a sociedade para a superação de deficiências estruturais de políticas públicas.

Ao discorrer sobre a responsabilidade do Poder Público pela situação degradante do sistema penitenciário, a petição inicial aponta problemas de: (i) interpretação e aplicação da lei penal e; (ii) formulação e implementação de políticas públicas. Para lidar com esses impasses, são formulados 8 (oito) pedidos de natureza cautelar[36], sendo 7 (sete) relacionados com a interpretação e

---

35. Em língua portuguesa, a principal referência teórica sobre o Estado de Coisas Inconstitucional é a obra ***Estado de Coisas Inconstitucionais*** de autoria de Carlos Alexandre de Azevedo Campos.

36. Na Arguição de Descumprimento de Preceito Fundamental nº 347, foram postulados os seguintes pedidos cautelares: a) Determine a todos os juízes e tribunais que, em cada caso de decretação ou manutenção de prisão provisória, motivem expressamente as razões que impossibilitam a aplicação das medidas cautelares alternativas à privação de liberdade, previstas no art. 319 do Código de Processo Penal. b) Reconheça a aplicabilidade imediata dos arts. 9.3 do Pacto dos Direitos Civis e Políticos e 7.5 da Convenção Interamericana de Direitos Humanos, determinando a todos os juízes e tribunais que passem a realizar audiências de custódia, no prazo máximo de 90 dias, de modo a viabilizar o comparecimento do preso perante a autoridade judiciária em até 24 horas contadas do momento da prisão. c) Determine aos juízes e tribunais brasileiros que passem a considerar fundamentadamente o dramático quadro fático do sistema penitenciário brasileiro no momento de concessão de cautelares penais, na aplicação da pena e durante o processo de execução penal. d) Reconheça que como a pena é sistematicamente cumprida em condições muito mais severas do que as admitidas pela ordem jurídica, a preservação, na medida do possível, da proporcionalidade e humanidade da sanção impõe que os juízes brasileiros apliquem, sempre que for viável, penas alternativas à prisão. e) Afirme que o juízo da execução penal tem o poder-dever de abrandar os requisitos temporais para a fruição de benefícios e direitos do preso, como a progressão de regime, o livramento condicional e a suspensão condicional da pena, quando se evidenciar que as condições de efetivo cumprimento da pena são significativamente mais severas do que as 70 previstas na ordem jurídica e

aplicação da legislação penal e 1 (um) referente à aplicação de recursos orçamentários da União em políticas públicas de melhoria do sistema carcerário.

O direito ao mínimo existencial foi tema desenvolvido pelos autores da Arguição de Descumprimento de Preceito Fundamental nº 347. Consiste, em síntese, no direito à proteção mínima das garantias fundamentais, com o objetivo de resguardar a o princípio da dignidade da pessoa humana. Em sentido similar ao defendido na petição inicial, Guedes afirma:

> Quando se conclui que, para ser identificado o estado de coisas inconstitucional, necessita-se, como um dos requisitos, da presença de desrespeito geral e intermitente a direitos fundamentais, está-se afirmando que a dignidade da pessoa humana, seja na sua parte essencial ou não, também integra a lista de possíveis direitos a serem violados.
>
> Na medida em que se restringe o referido fundamento constitucional, focando-se na parte em que é considerado essencial, verifica-se a presença do mínimo existencial, o qual pode sim sofrer maculação tão intensa que venha a se tornar pressuposto de configuração de uma conjuntura inconstitucional formadora do ECI. (GUEDES, 2016).

---

impostas pela sentença condenatória, visando assim a preservar, na medida do possível, a proporcionalidade e humanidade da sanção. f) Reconheça que o juízo da execução penal tem o poder-dever de abater tempo de prisão da pena a ser cumprida, quando se evidenciar que as condições de efetivo cumprimento da pena foram significativamente mais severas do que as previstas na ordem jurídica e impostas pela sentença condenatória, de forma a preservar, na medida do possível, a proporcionalidade e humanidade da sanção. g) Determine ao Conselho Nacional de Justiça que coordene um ou mais mutirões carcerários, de modo a viabilizar a pronta revisão de todos os processos de execução penal em curso no país que envolvam a aplicação de pena privativa de liberdade, visando a adequá-los às medidas "e" e "f" acima. h) Imponha o imediato descontingenciamento das verbas existentes no Fundo Penitenciário Nacional – FUNPEN, e vede à União Federal a realização de novos contingenciamentos, até que se reconheça a superação do Estado de Coisas Inconstitucional do sistema prisional brasileiro.

No julgamento da cautelar, o STF: (i) caracterizou o sistema penitenciário nacional como "estado de coisas inconstitucional"; (ii) sentenciou que a União libere as verbas do FUNPEN; e (iii) determinou aos juízes e tribunais a realização obrigatória de audiência de custódia, em até 90 (noventa) dias, viabilizando o comparecimento do preso perante a autoridade judiciária no prazo máximo de 24 (vinte e quatro) horas, contadas do momento da prisão.[37] O mérito da ação está com julgamento pendente.

37. No mérito pendente de julgamento, pede-se, entre outras, que o STF: "(i) determine ao Governo Federal que elabore e encaminhe ao STF, no prazo máximo de 3 meses, plano nacional visando à superação do Estado de Coisas Inconstitucional do sistema penitenciário brasileiro, dentro de um prazo de 3 anos; (ii) submeta o Plano Nacional à análise do Conselho Nacional de Justiça, da Procuradoria Geral da República, da Defensoria Geral da União, do Conselho Federal da Ordem dos Advogados do Brasil, do Conselho Nacional do Ministério Público e de outros órgãos e instituições que queiram se manifestar, além de ouvir a sociedade civil, por meio da realização de uma ou mais audiências públicas; (iii) delibere sobre o Plano Nacional, para homologá-lo ou impor medidas alternativas ou complementares, que o STF reputar necessárias para a superação do Estado de Coisas Inconstitucional; (iv) determine ao governo de cada Estado e do Distrito Federal que formule e apresente ao STF, no prazo de 3 meses, plano estadual ou distrital, que se harmonize com o Plano Nacional homologado, e que contenha metas e propostas específicas para a superação do Estado de Coisas Inconstitucional na respectiva unidade federativa, no prazo máximo de 2 anos; (v) submeta os planos estaduais e distrital à análise do Conselho Nacional de Justiça, da Procuradoria Geral da República, do Ministério Público da respectiva unidade federativa, da Defensoria Geral da União, da Defensoria Pública do ente federativo em questão, do Conselho Seccional da OAB da unidade federativa, e de outros órgãos e instituições que queiram se manifestar. Submetê-los, ainda, à sociedade civil local, em audiências públicas a serem realizadas nas capitais dos respectivos entes federativos, podendo a Corte, para tanto, delegar a realização das diligências a juízes auxiliares, ou mesmo a magistrados da localidade, nos termos do artigo 22, inciso II, do Regimento Interno do STF; (vi) delibere sobre cada plano estadual e distrital, para homologá-los ou impor outras medidas alternativas ou complementares que o STF reputar necessárias para a superação do Estado de Coisas Inconstitucional na unidade federativa em questão; e (vii) monitore a implementação do Plano Nacional e dos planos estaduais e distrital, com o auxílio do Departamento de Monitoramento e Fiscalização do Sistema Carcerário e do Sistema de Execução de Medidas Socioeducativas do Conselho Nacional de Justiça, em processo público e transparente, aberto à participação

É importante deixar claro que a inovação proposta pelo STF nessa Arguição de Descumprimento de Preceito Fundamental não está no reconhecimento estrutural das violações de direitos fundamentais dos encarcerados, uma vez que, conforme visto, a falência da gestão penitenciária em nosso país já havia sido declarada no Tribunal em casos anteriores, mas na solução prevista, que impõe ao Judiciário o papel de coordenação estrutural e dialógica do processo de formulação e implementação de políticas carcerárias voltadas à superação do estado de coisas inconstitucional.

Nos pareceres proferidos no julgamento da cautelar, a maioria dos Ministros recorreu ao conceito de estado de coisas inconstitucional para justificar a intervenção do Poder Judiciário voltada a retirar os Poderes Públicos do estado de inércia, em casos de descumprimento generalizado e sistemática da Constituição Federal, decorrentes de ações ou omissões sistêmicas, que reclamem a adoção de diversas medidas para suprir o cenário de inconstitucionalidade, como ocorre no caso da situação dos presídios. De acordo com o Ministro Relator Marco Aurélio, o STF é o único órgão capaz de superar esses bloqueios políticos e institucionais:

> Há mais: apenas o Supremo revela-se capaz, ante a situação descrita, de superar os bloqueios políticos e institucionais que vêm impedindo o avanço de soluções, o que significa cumprir ao Tribunal o papel de retirar os demais Poderes da inércia, catalisar os debates e novas políticas públicas, coordenar as ações e monitorar os resultados. Isso é o que se aguarda deste Tribunal e não se pode exigir que se abstenha de intervir, em nome do princípio democrático, quando os canais políticos se apresentem obstruídos, sob pena de chegar-se a um somatório de inércias injustificadas.

---

colaborativa da sociedade civil, até que se considere sanado o Estado de Coisas Inconstitucional do sistema prisional brasileiro".

Nos votos, vários Ministros incorporaram a tese do desbloqueio institucional pelo Judiciário, no mesmo sentido da doutrina colombiana, de que o Tribunal não chega a ser um elaborador de políticas públicas, mas coordenador institucional, produzindo o que eles chamaram de efeito desbloqueador.

A doutrina pondera que o STF, neste julgamento, ao sopesar, de um lado, a dignidade da pessoa humana e a integridade dos presos e, de outro, a separação dos poderes e a reserva do possível, optou pela primeira alternativa, ou seja, quando esses postulados entram em confronto, prevalece a dignidade da pessoa humana e a integridade dos presos. Reconhece, assim, a possibilidade de intervenção do Poder Judiciário, quando da omissão dos Poderes Legislativo e Executivo (VIEIRA JÚNIOR, 2015).

Sobre a legitimidade de controle de políticas públicas pelo Judiciário em prol dos direitos fundamentais, Vila-Nova destaca a importância do Poder Judiciário na proteção contramajoritária de direitos fundamentais dos cidadãos submetidos ao sistema prisional:

> Os assuntos submetidos ao Tribunal envolvem, a um só tempo, duas das dimensões constitutivas do constitucionalismo contemporâneo ocidental: (i) de um lado, a proteção contramajoritária de direitos fundamentais a ser desempenhada pelo Poder Judiciário, com especial ênfase nas vulnerabilidades e hipossuficiências de minorias (no caso, o conjunto de cidadãos submetidos ao sistema prisional brasileiro, seja sob a condição de preso definitivo, seja na de preso provisório); e (ii) de outro, a noção de legitimidade (normativa e institucional) de políticas públicas aplicáveis ao sistema penitenciário no Brasil e de sua possibilidade de controle pela Corte Constitucional (em sede de ADPF). (VILA-NOVA, 2017, p. 111-117)

Percebe-se, pela extensão do pedido, um verdadeiro protagonismo do Poder Judiciário na formulação, efetivação e acompanhamento da política penitenciária nos níveis Federal e

Estadual. Mais do que isso, fica evidente que o reconhecimento do estado de coisas inconstitucional no sistema carcerário brasileiro, no julgamento da cautelar na ADPF nº 347/DF, trata-se de mais um importante caso que relaciona os diversos problemas da situação caótica e precária dos estabelecimentos penais no Brasil e a ação – ou no caso, a inércia – dos Poderes da República.

2.2.2. O Recurso Extraordinário nº 592.581/RS e a competência do Judiciário para determinar ao Executivo a realização de obras em estabelecimentos prisionais

A ação originária do Recurso Extraordinário nº 592.581 foi ajuizada pelo Ministério Público do Rio Grande do Sul, em desfavor do Estado do Rio Grande do Sul, postulando, em resumo, que o Poder Executivo execute obras em estabelecimentos prisionais para garantir os direitos fundamentais das pessoas encarceradas.[38]

O julgamento do Recurso – cujo número do Tema da Repercussão Geral é o 220 – ocorreu em 13 de agosto de 2015 e a ementa seguiu no seguinte sentido:

> REPERCUSSÃO GERAL. RECURSO DO MPE CONTRA ACÓRDÃO DO TJRS. REFORMA DE SENTENÇA QUE DETERMINAVA A EXECUÇÃO DE OBRAS NA CASA DO ALBERGADO DE URUGUAIANA. ALEGADA OFENSA AO PRINCÍPIO DA SEPARAÇÃO DOS PODERES E DESBORDAMENTO DOS LIMITES DA RESERVA DO POSSÍVEL. INOCORRÊNCIA. DECISÃO QUE CONSIDEROU DIREITOS CONSTITUCIONAIS DE PRESOS MERAS NORMAS PROGRAMÁTICAS. INADMISSIBILIDADE. PRECEITOS QUE TÊM EFICÁCIA PLENA E APLICABILIDADE IMEDIATA. INTERVENÇÃO JUDICIAL QUE SE MOSTRA NE-

38. BRASIL. Supremo Tribunal Federal. Recurso Extraordinário 592.581. Disponível em http://www.stf.jus.br/arquivo/cms/noticiaNoticiaStf/anexo/RE580252LRB.pdf. Acesso em 22 de março de 2018.

> CESSÁRIA E ADEQUADA PARA PRESERVAR O VALOR FUNDAMENTAL DA PESSOA HUMANA. OBSERVÂNCIA, ADEMAIS, DO POSTULADO DA INAFASTABILIDADE DA JURISDIÇÃO. RECURSO CONHECIDO E PROVIDO PARA MANTER A SENTENÇA CASSADA PELO TRIBUNAL. I - É lícito ao Judiciário impor à Administração Pública obrigação de fazer, consistente na promoção de medidas ou na execução de obras emergenciais em estabelecimentos prisionais. II - Supremacia da dignidade da pessoa humana que legitima a intervenção judicial. III - Sentença reformada que, de forma correta, buscava assegurar o respeito à integridade física e moral dos detentos, em observância ao art. 5º, XLIX, da Constituição Federal. IV - Impossibilidade de opor-se à sentença de primeiro grau o argumento da reserva do possível ou princípio da separação dos poderes. V - Recurso conhecido e provido.

Como se examina da apreciação da ementa, a decisão foi no sentido de o Judiciário ter competência para determinar ao Executivo a realização de obras em estabelecimentos prisionais, com objetivo de assegurar a observância de direitos fundamentais de presos, sem que isso viole a separação dos Poderes, tendo como princípio basilar o da dignidade da pessoa humana[39].

O voto do Ministro Ricardo Lewandowski conta com a exemplificação de decisão de 2011 da Suprema Corte dos Estados Unidos no significativo caso *Brown v. Plata*, cuja postura ativa do Judiciário, em razão da violação da Oitava Emenda da Constituição Americana, autorizou a soltura de 46.000 (quarenta e seis mil) presos na Califórnia, em razão da imposição de penas cruéis e incomuns. Diz em seu voto:

39. Em crítica ao que foi determinado no julgado, Fernando Oliveira Samuel afirma que o fato de o judiciário apenas determinar que o executivo tome providências, faz com que o primeiro Poder seja excluído da responsabilidade pelos graves problemas do sistema penitenciário (SAMUEL, 2017).

> Nessa ocasião, tal Corte constatou que as graves condições sanitárias e a carência de assistência médica nas prisões estaduais possuíam como causa principal a superlotação e intimou a Califórnia a apresentar, em 45 dias, um plano de redução da população carcerária no prazo de 2 anos, cuja execução seria monitorada pela própria Corte. De acordo com a decisão, o Estado estaria livre para escolher as medidas para alcançar a meta, desde que não se tratasse de medidas meramente provisórias ou que repercutissem negativamente sobre as condições de vida dos presos. Até hoje, porém, a Califórnia não atingiu o limite fixado. Recentemente, o prazo para o cumprimento da meta foi prorrogado até fevereiro de 2016. A despeito disso, a decisão permitiu considerável redução da população prisional do Estado e criou incentivos para a melhoria das condições de vida nos presídios locais.

Nesse caso, verifica-se que o Tribunal de origem americano demonstrou que outras medidas tomadas, tais como a determinação aos órgãos para realizarem melhorais estruturais nos presídios, não surtiram qualquer efeito. Assim, reconheceu-se a impossibilidade de estabelecer qualquer situação de melhoria nos presídios sem que houvesse diminuição da população carcerária. Ordenou, portanto, a diminuição do limite populacional dos presídios do Estado da Califórnia no intuito de minimizar a violação dos direitos constitucionais dos encarcerados[40].

Importante pontuar que a atuação da Suprema Corte neste julgado foi bastante discutida em sede de doutrina. A despeito de transcender os contornos deste livro, vale trazer à baila, porque oportuno, alguns debates doutrinários sobre o assunto.

Figueiredo não ecoa as críticas de "ativismo judicial" feitas por parte da doutrina ao Supremo Tribunal Federal nesse caso, pois

40. SUPREME COURT OF THE UNITED STATES. Brown, Governor of California, at al. v. Plata et al: appeal from the United States District Courts for the eastern and northern Districts of California. Disponível em: <https://www.supremecourt.gov/opinions/10pdf/09-1233.pdf>. Acesso em: 20 de outubro de 2018.

entende que a proteção das garantias constitucionais dos presos encontra-se no escopo de atribuições da Corte:

> Não obstante fosse este caso um dos exemplos que doutrina e jurisprudência citam como "ativismo judicial", inegável que o Supremo Tribunal Federal agiu de acordo com suas atribuições, posto que a garantia da dignidade da pessoa humana (artigo 1º, III) e a integridade física e moral do preso (artigo 5º, XLIX) são cláusulas pétreas. Ao exigir que as reformas fossem feitas, o Supremo Tribunal Federal buscou as garantias destes direitos constitucionais, assim como qualquer outro contido em seu corpo, como, por exemplo, a liberdade ou direito à propriedade.
>
> E mais, além de ser um direito constitucionalmente previsto, a garantia da dignidade da pessoa humana é protegida na esfera transnacional e internacional, o que importa em um movimento transconstitucional da nossa Corte constitucional. (FIGUEIREDO, 2017, p. 78)

Nessa mesma perspectiva, Tavares descarta traços de ativismo judicial neste julgado, reconhecendo a atribuição do Poder Judiciário de zelar pelo regular cumprimento da pena privativa de liberdade:

> Algumas considerações podem ser feitas sobre o julgado. Sem sombra de dúvidas, não se tratou de ativismo judicial.
>
> Primeiro porque as regras sobre o tratamento adequado, que deveria ter sido dispensado aos detentos, já estavam previstas na legislação. Bastava o seu cumprimento. As condições mínimas de salubridade das penitenciárias e casas do albergado estão previstas na Lei de Execução Penal, em conformidade com o disposto na Constituição Federal.
>
> Em segundo lugar, porque o Poder Judiciário tem o dever de zelar pelo regular cumprimento da pena privativa de liberdade, inclusive interditando estabelecimento prisional que estiver funcionando em condições inadequadas, nos termos do artigo 66 da Lei de Execução Penal. Ademais, porque já havia, nos autos da Ação Civil Pública, laudos e orçamentos sobre a reforma de deveria ter sido executada pelo Estado.

> Não se tratava, portanto, de discricionariedade do administrador, ou ainda, de política pública a ser implementada, mas sim de observâncias aos dispositivos legais sobre os estabelecimentos prisionais. Até porque, como constou no julgado, "No caso dos autos, está-se diante de clara violação a direitos fundamentais, praticada pelo próprio Estado contra pessoas sob sua guarda, cumprindo ao Judiciário, por dever constitucional, oferecer-lhes a devida proteção". Veja, não foi o caso de determinar ao Executivo a construção de estabelecimento prisional, como até seria justificável em várias circunstâncias no Brasil, pela evidente superlotação e pela falta de estabelecimentos adequados ao cumprimento das penas em regimes semiaberto ou aberto, por exemplo.
>
> Medidas ou obras emergenciais, ao que parece, e de acordo com a fundamentação do julgado, não poderão ser confundidas com a implementação de políticas públicas. Trata-se, portanto, de judicialização da política, o que é absolutamente aceitável em nosso contexto sócio-político atual. (TAVARES, 2015, p. 992)

Em perspectiva crítica à intervenção do Poder Judiciário na seara das políticas públicas, Pinheiro enfatiza os eventuais reflexos econômicos de decisões dessa natureza nas contas públicas. De acordo com o autor, o Judiciário deve se preocupar em proferir decisões que gerem consequências possíveis, levando em conta a realidade econômica brasileira:

> Além disso, não se pode ignorar que todo sistema jurídico ou econômico está umbilicalmente ligado ao sistema político. E o nosso sistema político privilegiou a confusão reinante entre direito e economia. Por exemplo, até por considerar os nossos tribunais superiores não como Cortes da federação com a função de controlar o sistema constitucional, mas como simples tribunais de justiça de terceira ou quarta instância às partes, o sistema judicial brasileiro apresenta uma disfunção intrínseca grave. Num sistema democrático, resolver (e reformar) tal estrutura de solução de conflitos é imperativo e urgente.
>
> Se o Judiciário tem o condão de aumentar custos do Estado, em especial quando julga sem considerar a extensão de suas

> decisões no plano econômico, tal situação, em especial no Supremo Tribunal Federal se agigantou. O problema é insolúvel porque por um lado se é preciso garantir que a justiça seja feita no plano individual, por outro não se pode chegar ao ponto de falir o Estado (e a sociedade) para tanto. (PINHEIRO, 2005, p. 5)

Das repercussões doutrinárias expostas acima, percebe-se que o Recurso Extraordinário nº 592.581 é um julgado muito representativo para a Suprema Corte, em especial sob a perspectiva da inafastabilidade do controle judicial em casos em que há lesão ou ameaça de direito e efetividade dos direitos fundamentais[41]. O trecho a seguir, retirado do acórdão, resume o entendimento consolidado nesse caso:

> É lícito ao poder Judiciário impor à Administração Pública obrigação de fazer, consistente na promoção de medidas ou na execução de obras emergenciais em estabelecimentos prisionais

41. Em crítica ao que foi determinado no julgado, Fernando Oliveira Samuel afirma que o fato de o judiciário apenas determinar que o executivo tome providências, faz com que o primeiro Poder seja excluído da responsabilidade pelos graves problemas do sistema penitenciário. Nas palavras do autor, *sob o prisma da alteridade, de fato, convém retomar a ideia da modernidade que estamos a construir: como podemos pensar numa convivência harmônica quando seres humanos são dizimados diariamente em estabelecimentos prisionais no Brasil? Pode parecer um apelo simplista, mas a série de acontecimentos infelizes dentro dos presídios brasileiros autoriza o questionamento sobre a própria utilidade do Estado, porque, a manter o estado de barbárie, seria quase o mesmo do que se permitir as ideias elementares da vingança privada. A alteridade permite perceber o ponto que chegamos de absoluta despersonalização da pessoa e ao mesmo tempo se proclamar uma sociedade moderna, com valores constitucionais assegurados, numa postura típica que denota a completa falta de sentido da existência sem a responsabilização pelo outro. De todo modo, o quadro de violência institucional encontrou, no julgado RE 592.581, fôlego maior para manutenção (ia dizendo agravamento) do sistema prisional exatamente por permitir a exclusão completa de qualquer responsabilidade do Judiciário pelo caos carcerário. Deixou claro o caminho para auto absolvição, pois a garantia efetiva dos direitos fundamentais estaria resguardada com a mera determinação ao Executivo que execute melhorias estruturais. O pronunciamento jurisdicional teria a força quase mágica de alterar todo o quadro de horrores, alterando as condições físicas por meio de uma decisão judicial.* Cf. (SAMUEL, 2017).

> para dar efetividade ao postulado da dignidade da pessoa humana e assegurar aos detentos o respeito à sua integridade física e moral, nos termos do que preceitua o art. 5º, XLIX, da Constituição Federal, não sendo oponível à decisão o argumento da reserva do possível nem o princípio da separação dos poderes.

2.2.3. O Recurso Extraordinário nº 580.252/MS e a responsabilidade civil do Estado por danos causados a presos em decorrência da superlotação carcerária e a reparação do dano moral

Em processo iniciado no Tribunal de Justiça do Mato Grosso do Sul, discutiu-se a indenização por danos morais a preso que cumpria pena de 20 anos no presídio do Município de Corumbá/ MS. O detento dormia com a cabeça encostada no vaso sanitário em uma cela com capacidade para 12 (doze) pessoas, mas que abrigava 100 (cem) pessoas. Diante disso, a Defensoria Pública de Mato Grosso do Sul ajuizou ação ordinária de responsabilidade civil do Estado contra o Estado de Mato Grosso do Sul[42].

Em acórdão, foi fixada a indenização no valor de R$ 2.000,00 (dois mil reais) por danos morais ao preso. Na sequência, em sede de embargos infringentes, a indenização foi afastada sob o fundamento da aplicação do princípio da reserva do possível. Por fim, em 2011, a ação alçou o Supremo Tribunal Federal (STF) e, por não se tratar de caso único, e diante da crise do sistema prisional, a Corte converteu o Recurso Extraordinário em repercussão geral, nos seguintes termos: *possui repercussão geral a questão constitucional atinente à contraposição entre a chamada cláusula da reserva financeira do possível e a pretensão de obter indenização por dano moral decorrente da excessiva população carcerária.*

---

42. BRASIL. Supremo Tribunal Federal. Recurso Extraordinário 580.252/MS. Tribunal Pleno. Relator à época: Min. Teori Zavascki. 11 nov. 2017.

O Ministro Teori Zavascki, relator do recurso à época, proveu o Recurso Extraordinário para reestabelecer o juízo condenatório e a indenização no valor de R$ 2.000,00 (dois mil reais). No voto, o Ministro declarou que o dano moral é incontroverso e que a discussão se limitava sobre a existência ou não da obrigação do Estado em reparar os danos morais. De acordo com o Ministro:

> Portanto, repita-se, os fatos da causa são incontroversos: o recorrente, assim como os outros detentos do presídio de Corumbá/MS, cumprem pena privativa de liberdade em condições não só juridicamente ilegítimas (porque não atendem às mínimas condições de exigências impostas pelo sistema normativo), mas também humanamente ultrajantes, porque desrespeitosas a um padrão mínimo de dignidade.
>
> Também não se discute que, nessas condições, o encarceramento impõe ao detendo um dano moral, cuja configuração é, nessas circunstâncias, até mesmo presumida.
>
> [...] seja de natureza material, seja de natureza moral - causados a detentos. É dessa última que aqui se trata. A obrigação de ressarcir danos, que é imposta pelas leis civis a qualquer pessoa que os causa (Código Civil, arts. 186 e 927), é também do Estado, que, mais que decorrer de norma civil (Código Civil, art. 43), tem previsão em superior norma constitucional específica, o art. 37, § 6º, dispositivo autoaplicável, não sujeito a intermediação legislativa ou administrativa para assegurar o correspondente direito subjetivo.

Nesses termos, e corroborando com o entendimento do Ministro no sentido do indiscutível dano moral, que pode se aplicar ao caso aqui analisado, expõem-se importantes contribuições de Maria Celina Bodin de Moraes:

> Aquele que sofre um dano moral deve ter direito a uma satisfação de cunho compensatório. Diz-se compensação, pois o dano moral não é propriamente indenizável; indenizar é uma palavra que provém do latim, "in dene", que significa devolver (o patrimônio) ao estado anterior, ou seja, eliminar o prejuízo e suas consequências - o que, evidentemente, não é possível no

> caso de uma lesão de ordem extrapatrimonial. Prefere-se, assim, dizer que o dano moral é compensável, embora o próprio texto constitucional, em seu artigo 5, X, se refira a indenização do dano moral. (BODIN DE MORAES, 2003, p. 145)

Complementando o sentindo incontroverso do dano moral e relacionando o princípio da dignidade da pessoa humana com o valor das coisas das pessoas, Maria Celina Bodin de Moraes prossegue nos seguintes termos:

> De acordo com KANT, no mundo social existem duas categorias de valores: o preço e a dignidade. Enquanto o preço representa um valor exterior (de mercado) e manifesta interesses particulares, a dignidade representa um valor interior (moral) e de interesse geral. As coisas têm preço; as pessoas dignidade. (BODIN DE MORAES, 2003, p. 81)

Na conclusão do voto, o Ministro Teori Zavascki apresentou três argumentos capazes de confirmar a responsabilidade do Estado: (a) o princípio da reserva do possível não pode ser considerado no âmbito da responsabilidade civil do Estado, mas apenas em *situações em que a concretização de certos direitos constitucionais dependem de adoção e execução de políticas públicas;* (b) as violações aos direitos dos apenados não podem ser mantidas impunes, sob argumento de que a indenização não resolveria os obstáculos do sistema penitenciário e; (c) a responsabilidade do Estado neste caso é de natureza objetiva.

O último argumento conclusivo do Ministro Relator sobre a responsabilidade objetiva do Estado e a sua natureza vai ao encontro ao que dispõe o artigo 37, § 6º, da Constituição Federal, que prescreve que *as pessoas jurídicas de direito público e as de direito privado, prestadoras de serviços públicos, responderão pelos danos que seus agentes, nessa qualidade, causarem a terceiros, assegurado o direito de regresso contra o responsável nos casos de dolo ou culpa.*

Sendo assim, amparada pela teoria do risco administrativo, prevista no artigo 37, § 6º, da Constituição Federal, afasta-se a culpa do dever ressarcitório do Estado por danos causados a terceiros. Portanto, basta uma ação do Estado, o dano causado a terceiros e o nexo de causalidade entre eles para configurar a responsabilidade objetiva do Estado (MENDES, BRANCO, COELHO, 2014, p. 855).

Nessa linha, Cretella Júnior destaca que quando as pessoas estão sob a custódia do Estado, como no caso dos indivíduos sob tutela do sistema prisional, incide a responsabilidade objetiva estatal e, consequentemente, o dever de indenizar aqueles cujos direitos foram violados. De acordo com o autor, os apenados têm direito subjetivo público à proteção dos órgãos públicos:

> Pessoas recolhidas a prisões a prisões comuns ou a quaisquer recintos sob a tutela do Estado têm o direito subjetivo público à proteção dos órgãos públicos, cujo poder de polícia se exercerá para resguardá-las contra qualquer tipo de agressão, quer dos próprios companheiros, quer dos policiais, quer ainda de pessoas de fora, que podem, iludindo a vigilância dos guardas, ocasionar danos aos presos. (CRETELLA JÚNIOR, 1980, p. 251-252)

Judith Martins afirma que a proteção jurídica de bens imediatamente ligados ao ser humano social acarreta a indenização ou compensação quando da violação injusta e danosa, mesmo na esfera da responsabilidade objetiva, em razão da abstração da culpa. No sentido dos bens humanos protegidos e da abstração da culpa – a mencionada teoria do risco administrativo –, sobre termos da responsabilidade objetiva e a sua compensação em pecúnia, conforme definido pelos Ministros do STF, a autora leciona:

> E, finalmente, tendo em vista que a pessoa humana se demarca socialmente na alteridade, situam-se os bens imediatamente ligados ao ser humano social. São protegidos bens tais como a

> boa reputação, o respeito nas relações profissionais e pessoais, a não-discriminação por etnia, opção sexual, religião, educação, etc. A proteção jurídica de tais bens enseja, dentre outros efeitos, indenizabilidade (melhor dito: compensabilidade, em regra, pelo dinheiro) quando da sua violação injusta e danosa. Em qualquer hipótese, porém, o dano indenizável há de resultar de ato ou omissão antijurídica, ainda que o regime seja o da responsabilidade objetiva, pois, nesse caso, faz-se abstração da culpa, mas não da antijuridicidade que é a contrariedade ao Direito, seja esta produzida culposamente ou não [...]. (MARTINS, p. 14-15)

Com base nessas reflexões, ao final do julgamento, os Ministros fixaram a indenização pecuniária no valor de R$ 2.000,00 (dois mil) e ajustaram a forma de pagamento conforme o artigo 100 da Constituição Federal, ou seja, por meio de precatórios[43]. Os Ministros alertaram que esse valor foi fixado ao detento do processo analisado e, em outras demandas, a quantia deve ser analisada de acordo com o caso concreto. Ao final, em 15 de fevereiro de 2017, os Ministros determinaram a tese da Repercussão Geral, nos seguintes termos:

> Considerando que é dever do Estado, imposto pelo sistema normativo, manter em seus presídios os padrões mínimos de humanidade previstos no ordenamento jurídico, é de sua responsabilidade, nos temos do art. 37§ 6º da CF, a obrigação de ressarcir os danos, inclusive morais, comprovadamente causados aos detentos em decorrência da falta ou insuficiência das condições legais de encarceramento.

43. Art. 100. *Os pagamentos devidos pelas Fazendas Públicas Federal, Estaduais, Distrital e Municipais, em virtude de sentença judiciária, far-se-ão exclusivamente na ordem cronológica de apresentação dos precatórios e à conta dos créditos respectivos, proibida a designação de casos ou de pessoas nas dotações orçamentárias e nos créditos adicionais abertos para este fim.*

2.2.4 Síntese crítica das decisões recentes do STF e a relação com o Recurso Extraordinário nº 641.320

Da análise das premissas e dos conteúdos acima, as principais questões extraídas da Arguição de Descumprimento de Preceito Fundamental nº 347, do Recurso Extraordinário nº 592.581 e do Recurso Extraordinário nº 580.252 – que estão conectadas com o Recurso Extraordinário nº 641.320 - foram: (i) o reconhecimento dos direitos fundamentais da pessoa presa e; (ii) as possibilidades de intervenção do Poder Judiciário diante de falhas de gestão do sistema penitenciário e; (iii) os impactos das decisões do Poder Judiciário no orçamento público do Poder Executivo em um contexto de escassez de recursos.

Em relação ao reconhecimento dos direitos fundamentais da pessoa presa, podemos resumir os principais fundamentos acostados pelo STF da seguinte forma: i) a ADPF nº 347 ponderou o princípio da dignidade da pessoa humana e a integridade dos presos *versus* a separação dos poderes e a reserva do possível, prevalecendo a primeira alternativa; ii) o RE nº 592.581 garantiu a efetividade dos direitos fundamentais das pessoas encarceradas, sendo princípio basilar o da dignidade da pessoa humana; iii) o RE nº 580.252 consolidou posição de que as violações aos direitos fundamentais dos apenados não podem ser mantidas impunes, devendo-se reconhecer o dano moral em razão dos danos causados pela superlotação carcerária e; iv) o RE nº 641.320 afirmou que os princípios da legalidade e o da dignidade humana dos presos são violados quando o Estado consente na execução excessiva de pena.

No tocante as possibilidades de intervenção do Poder Judiciário diante de falhas de gestão do sistema penitenciário, identificam-se os seguintes entendimentos: i) na ADPF nº 347, o STF fomentou a promoção do diálogo com os outros poderes, sobretudo o Executivo, para a formulação e execução de planos de ação para a superação do Estado de Coisas Inconstitucional; ii) no RE nº 592.581, o STF determinou que o Poder Executivo executasse obras em estabelecimentos prisionais com o propósito de garantir a efetividade dos direitos dos presos; iii) no RE nº 580.252, o Supremo Tribunal Federal reconheceu a responsabilidade objetiva do Estado nos casos de danos causados em razão da superlotação carcerária e; iv) no RE nº 641.320, a decisão da Corte firmou entendimento de que o sistema de execução de penas envolve também medidas de caráter administrativo.

Por fim, a terceira categoria temática presente em todos os julgados analisados pelo STF diz respeito aos impactos das decisões do Poder Judiciário no orçamento público do Poder Executivo em um contexto de escassez de recursos. Sobre esse assunto, as decisões do Supremo Tribunal Federal podem ser assim sistematizadas: i) a ADPF nº 347 determinou a aplicação de recursos orçamentários da União em políticas públicas de melhoria do sistema carcerário e a liberação de verbas do FUNPEN; ii) o RE nº 592.581 alertou que a invocação da reserva do possível não pode consistir em mera alegação que isenta, por si só, o Estado de suas obrigações; iii) o RE nº 580.252 declarou que quando as pessoas estão sob a custódia do Estado, como no caso dos indivíduos sob tutela do sistema prisional, incide a responsabilidade objetiva do Estado e, consequentemente, o dever de indenizar e; iv) finalmente, o RE nº 641.320 também dispôs sobre a liberação de recursos do FUNPEN para a melhoria do sistema prisional.

O Quadro 1 abaixo sistematiza as principais categorias temáticas e entendimentos firmados pelo STF nos casos analisados nesta seção.

Quadro 1: Premissas e categorias temáticas principais da ADPF nº 347, RE nº 592.581, RE nº 580.252 e RE nº 641.320

Processo	**Premissas**	**Categorias temáticas**		
		Direitos fundamentais da pessoa presa.	**Relação entre Poder Judiciário e Poder Executivo.**	**Direitos dos presos e disponibilidade orçamentária.**
ADPF 347	Declaração do Estado de coisas inconstitucional	O STF reconheceu a superioridade valorativa da dignidade da pessoa humana e da integridade dos presos quando cotejadas com fundamentos baseados na separação dos poderes e na reserva do possível.	Destacou a importância de o Poder Judiciário promover o diálogo com os outros poderes (sobretudo Executivo) para a formulação e execução de planos de ação para a superação do ECI e superação de deficiências estruturais de políticas públicas.	Determinou a aplicação de recursos orçamentários da União em políticas públicas de melhoria do sistema carcerário, mais especificamente do Fundo Penitenciário Nacional (FUNPEN).
RE 592.581	A competência do Judiciário para determinar ao Executivo a realização de obras em estabelecimentos prisionais.	O STF conferiu centralidade aos direitos fundamentais das pessoas encarceradas, a partir do princípio basilar o da dignidade da pessoa humana, para firmar a competência do Judiciário para determinar ao Executivo a realização de obras em estabelecimentos prisionais.	Afirmou a competência do Poder Judiciário para determinar que o Poder Executivo execute obras em estabelecimentos prisionais com o propósito de garantir a efetividade dos direitos fundamentais das pessoas encarceradas.	Decidiu que a invocação da reserva do possível não pode consistir em mera alegação que isenta, por si só, o Estado de suas obrigações. Firmou que a inexistência de recursos no orçamento vigente não afasta a possibilidade de atendimento do direito, tendo em vista ser possível a inclusão da respectiva dotação no orçamento do ano seguinte.

Processo	Premissas	Categorias temáticas		
		Direitos fundamentais da pessoa presa.	**Relação entre Poder Judiciário e Poder Executivo.**	**Direitos dos presos e disponibilidade orçamentária.**
RE 580.252	A responsabilidade civil do Estado por danos causados a presos em decorrência da superlotação carcerária e a reparação do dano moral.	Consolidou posição de que as violações aos direitos fundamentais dos apenados não podem ser mantidas impunes, devendo-se reconhecer o dano moral em razão dos danos causados pela superlotação carcerária	O Supremo Tribunal Federal reconheceu a responsabilidade objetiva do Estado nos casos de danos causados em razão da superlotação carcerária.	Declarou que as pessoas estão sob a custódia do Estado, como no caso dos indivíduos sob tutela do sistema prisional, incide a responsabilidade objetiva do Estado e, consequentemente, o dever de indenizar.
RE 641.320	A falta de estabelecimento penal compatível com a sentença não autoriza a manutenção do condenado em regime prisional mais gravoso.	Decidiu que o princípio da legalidade e da dignidade humana dos presos são violados quando o Estado consente na execução excessiva de pena, pois, todos têm direito à humanidade.	Firmou entendimento de que as diligências e medidas propostas se exaurem no âmbito do próprio sistema judicial de execução das penas. Envolvem, certamente, medidas de caráter administrativo, mas que são também próprias do Judiciário quando administra a execução das penas.	Determinou a liberação de recursos do Fundo Penitenciário Nacional (FUNPEN) para aperfeiçoamento do sistema penitenciário.

Do quadro acima, percebe-se que os direitos fundamentais da pessoa presa têm sido recorrentemente reconhecidos pelo Supremo Tribunal Federal e que, como forma de proteção desses direitos, a Corte Constitucional tem proposto cada vez mais o diálogo e determinado medidas concretas que se encontram majoritariamente na esfera de atuação do Poder Executivo, afastando, de antemão, a tese da reserva do possível quando constatada violação à dignidade dos presos.

2.3. PERSPECTIVAS ANALÍTICAS DO RECURSO EXTRAORDINÁRIO Nº 641.320

Compreendidos os referenciais teóricos relacionados ao direito fundamental a um estabelecimento penal digno e adequado, apresentados no capítulo 1, e os posicionamentos recentes do STF sobre o sistema carcerário, aprofundados no capítulo 2, pode-se afirmar que o objetivo da Súmula Vinculante nº 56 é reduzir o hiato entre o que dispõe a legislação penal brasileira e o que se vê na prática do cumprimento da pena no Brasil.

Da análise recente da atuação do STF realizada neste capítulo, confirma-se a importância do Poder Judiciário para conter excessos e desvios durante a execução da pena. Ao longo desses julgamentos, o STF tem reafirmado a centralidade dos princípios da dignidade da pessoa humana, da legalidade e da individualização da pena desde a fase legislativa até a fase executória.

Com base nesses princípios, o Recurso Extraordinário nº 641.320 estabeleceu diversos procedimentos para contornar violações do direito fundamental a estabelecimento digno e adequado decorrentes da ausência de vagas para cumprimento das penas de acordo com os regimes e condições previstas em lei, em especial nos regimes semiaberto e aberto.

Entre os mecanismos estabelecidos para tentar solucionar essas graves disfunções no cumprimento de pena privativa de liberdade, em especial o impedimento de manter os apenados em regime mais gravoso, foi estabelecida a possibilidade de saída antecipada de sentenciado no regime com falta de vagas e a possibilidade de os Tribunais de Justiça dos Estados criarem uma jurisprudência de base sobre o tema.

Sobre a saída antecipada, convém retomar as reflexões do Ministro Relator sobre as seguintes alternativas:

> "As vagas nos regimes semiaberto e aberto não são inexistentes, são insuficientes. Assim, de um modo geral, a falta de vagas decorre do fato de que já há um sentenciado ocupando a vaga. Surge como alternativa antecipar a saída de sentenciados que já estão no regime de destino, abrindo vaga para aquele que acaba de progredir. O sentenciado do regime semiaberto que tem a saída antecipada pode ser colocado em liberdade eletronicamente monitorada; o sentenciado do aberto, ter a pena substituída por penas alternativas ou estudo".

Ao analisar a decisão proferida pelo STF no RE nº 641.320, Alamiro Salvador Netto critica o modelo de execução penal que se destina apenas a neutralizar a pessoa presa e que não busca propiciar políticas públicas em prol dos encarcerados. Nesse sentido, assevera:

> A execução, em outras palavras, deixa de ser uma prática identificada como uma política pública de cunho social, destinada a promover valores, como o do trabalho, da educação e aperfeiçoamento intelectual, de saúde e de boa convivência. Prefere-se, ao contrário, um modelo de execução que se destine à simples neutralização do indivíduo, cuja satisfação esgota-se em mantê-lo isolado o mais longe de tempo possível.
>
> O investimento em regimes prisionais, cuja dinâmica, por definição, não é o isolamento, parece carecer de qualquer intenção dos gestores do sistema. Daí, e para além da total precarização das unidades destinadas ao cumprimento de pena em regime fechado, verifica-se, também, o absoluto descaso com a construção de instituições que possam abarcar, com decência, presos no regime semiaberto e aberto. Todo o investimento direciona-se à noção da segurança, da muralha, do isolamento. (SALVADOR NETTO, 2017, p. 567-576)

E, com base nessa perspectiva crítica, o autor constrói uma avaliação positiva da atuação da Suprema Corte no referido caso, embora reconheça as dúvidas sobre a efetividade futura das medidas propostas:

> No caso da execução penal, o julgamento do Supremo Tribunal Federal, em que pesem as dúvidas acerca de seu potencial de efetividade futuro, aparece como uma espécie de *grito de chamamento* para a realidade do direito, fruto de um momento crucial no qual as margens de tolerância de desobediência normativa extrapolam o campo do aceitável. (SALVADOR NETTO, 2017, p. 567-576)

Considerando que a possibilidade de saída antecipada para lidar com os problemas decorrentes do encarceramento em massa e do déficit de vagas - que afastam o cumprimento da pena dos princípios constitucionais - passou a figurar como importante alternativa às instâncias ordinárias, o capítulo seguinte busca analisar em que medida os Tribunais de Justiça dos Estados têm aplicado os pressupostos do Recurso Extraordinário nº 641.320, além dos fundamentos teóricos e fáticos utilizados pelos Tribunais na construção de uma jurisprudência de base relacionada à Súmula Vinculante nº 56.

A partir daí, serão testadas as hipóteses de que os Tribunais de Justiça dos Estados têm atuado para atender aos pressupostos do Recurso Extraordinário nº 641.320 e a de que a possibilidade de saída antecipada não tem sido concedida de forma predominante pelos Tribunais de Justiça dos Estados.

3

ANÁLISE DO IMPACTO DA SÚMULA VINCULANTE Nº 56 NAS DECISÕES DOS TRIBUNAIS DE JUSTIÇA DOS ESTADOS

Este capítulo busca investigar (i) em que medida os Tribunais de Justiça dos Estados têm aplicado os pressupostos do Recurso Extraordinário nº 641.320 e; (ii) os fundamentos teóricos e fáticos utilizados pelas instâncias ordinárias na construção de uma jurisprudência de base relacionada à Súmula Vinculante nº 56. Nesse sentido, as reflexões teóricas sobre o direito fundamental a um estabelecimento penal digno e adequado realizadas no primeiro capítulo e a reconstrução histórica da jurisprudência do Supremo Tribunal Federal elaborada no segundo são os pontos de partida para a análise que será realizada nesta seção.

Em primeiro lugar, é importante esclarecer que a justificativa desse recorte analítico tem como base o voto do relator do Recurso Extraordinário nº 641.320, Ministro Gilmar Mendes, no qual reconheceu a viabilidade de antecipação da saída de sentenciado que é mantido em regime mais gravoso e, a partir daí, abriu espaço para a formulação de uma jurisprudência de base, nos seguintes termos[1]:

> O que deve ficar ressaltado é que a presente decisão não pretende esgotar todas as possibilidades de administração de vagas nos regimes semiaberto e aberto. Ao reconhecer a possibilidade da antecipação da saída de sentenciados, estamos criando espaço para formulação de uma jurisprudência de base, que irá superar as lacunas e resolver os conflitos.

Essa possibilidade de formulação de uma jurisprudência-base para solucionar as lacunas legais encontra ressonância nos escritos de Garapon, quando demonstrou que a procura pelo Judiciário para resolver questões políticas e sociais tem crescido em todo o mundo. Acrescenta nesse sentido:

> Quanto mais a democracia - sob sua dupla forma de organização política e social – se emancipa, mais ela procura na justiça uma espécie de salvaguarda, o que traduz a profunda unidade no fenômeno do aumento de poder da justiça. A salvaguarda – tal como a informática – é vinculada à fragilidade e à memória. O destino das sociedades é esquecer suas tradições, refutar suas heranças para reinventar seu destino, mas poder-se-ia viver sem memória? O juiz passa a ser o último guardião de promessas tanto para o sujeito como para a comunidade política. Por não conservarem a memória viva dos valores que os formam, eles confiam à justiça a guarda de seus juramentos. (GARAPON, 2001, p. 27)

Para alcançar os objetivos propostos, selecionou-se para análise os julgamentos relacionados ao tema de um Tribunal de Justiça por Região (Sul, Norte, Nordeste, Sudeste e Centro-Oeste), com base na quantidade de decisões relacionadas à Súmula

1. BRASIL. Supremo Tribunal Federal. Recurso Extraordinário nº 641.320. Tribunal Pleno. Ministro Relator Gilmar Mendes, 11 mai. 2016.

Vinculante nº 56. Nessa ótica, foram selecionados os seguintes Tribunais: (i) o Tribunal de Justiça do Estado do Rio Grande do Sul; (ii) o Tribunal de Justiça do Estado de Tocantins; (iii) o Tribunal de Justiça do Estado do Ceará; (iv) o Tribunal de Justiça do Estado de São Paulo e; (v) o Tribunal de Justiça do Distrito Federal e Territórios[2].

Além desse recorte mais amplo, os Tribunais foram selecionados em razão de algumas características peculiares. O Rio Grande do Sul (TJRS) foi o Estado de onde adveio o recurso paradigma da Súmula Vinculante nº 56. Já a escolha de Tocantins (TJTO) justifica-se por ser a unidade da federação em que houve maior crescimento da população prisional entre 2005 e 2014. No Ceará (TJCE) encontra-se a maior quantidade de presos provisórios do Brasil. Por seu turno, o Estado de São Paulo (TJSP) comporta mais de 1/3 da população carcerária brasileira[3]. E, por

---

2. Dos 27 Tribunais de Justiça Estaduais do Brasil, estes foram os que produziram mais decisões com a temática do Recurso Extraordinário nº 641.320. O porquê dos outros Tribunais terem apresentado menos decisões ultrapassa os contornos deste estudo. Entretanto, alguns pontos podem ser levantados para discussão em outros estudos, tais como: (i) o recorte do tempo de pesquisa foi de 8 de agosto de 2016 (data da publicação da Súmula) até 22 de dezembro de 2017. Este recorte indica que, talvez, tenha faltado tempo hábil para que os Tribunais produzissem mais decisões; (ii) existe a possibilidade de que os Tribunais não sejam rápidos para analisar temas de execução penal; (iii) há a probabilidade de alguns Tribunais estarem mais conectados com a Suprema Corte e executarem mais rapidamente as decisões do STF. Além disso, vale esclarecer que todos estes Estados possuem estabelecimentos destinados ao regime semiaberto, embora a quantidade não seja proporcional ao número de presos. Em relação ao regime aberto, apenas o Ceará possui duas casas do albergado, conforme dados do Departamento Penitenciário Nacional (DEPEN) de 2016. De acordo com esses dados, o quantitativo de estabelecimentos adequados ao cumprimento do regime semiaberto nos Estados selecionados é: Rio Grande do Sul: 17; Tocantins: 3; Ceará: 4; São Paulo 17; e Distrito Federal: 2 Dados do DEPEN, ano base de 2016, publicado em 2017. Disponível em http://depen.gov.br/DEPEN/noticias-1/noticias/infopen-levantamento-nacional-de-informacoes-penitenciarias-2016/relatorio_2016_22111.pdf, p. 15. Acesso em: 10 de setembro de 2018. p. 27.

3. Dados do DEPEN, ano base de 2016, publicado em 2017. Disponível em http://depen.gov.br/DEPEN/noticias-1/noticias/infopen-levantamento-nacional-de-in-

fim, o Tribunal de Justiça do Distrito Federal e Territórios (TJDFT), pois o Distrito Federal possui taxa de aprisionamento quase igual à do Estado de São Paulo.

Em termos concretos, este capítulo realiza estudo quantitativo e qualitativo das decisões de mérito sobre a possibilidade de saída antecipada nos Tribunais de Justiça dos Estados e dos fundamentos apresentados ao longo dessas decisões. A término dessa análise, espera-se colher elementos para avaliar a hipótese de que, entre os parâmetros fixados no Recurso Extraordinário nº 641.320, a possibilidade de saída antecipada não tem sido concedida de forma predominante pelos Tribunais de Justiça dos Estados.

Nessa perspectiva, estabelece-se como principal objetivo deste capítulo identificar e avaliar criticamente o desenvolvimento da jurisprudência pelas instâncias ordinárias à luz da Súmula Vinculante nº 56 e do RE nº 641.320.

Adianta-se que, na formulação da jurisprudência de base, constatou-se que as principais discussões jurídicas se concentraram em torno das seguintes questões: (i) a importância da existência de programa de monitoramento eletrônico para fins de concessão da saída antecipada; (ii) a dicotomia entre os interesses da segurança pública e os direitos dos apenados; (iii) as possibilidades de cumprimento de pena em estabelecimentos similares aos definidos na legislação penal; (iv) a ausência do sistema de "fila dos sentenciados" (sistema BNMP 2.0), que está sendo implementado pelo CNJ; (v) os impactos da demora na apreciação dos pedido de progressão e; (vi) a (im)possibilidade de ressocialização dos apenados beneficiados com a saída antecipada do estabelecimento prisional.

---

formacoes-penitenciarias-2016/relatorio_2016_22111.pdf , p. 15. Acesso em: 10 de setembro de 2018, p. 9.

3.1. A BASE DE DADOS E OS RECURSOS METODOLÓGICOS

A abordagem da pesquisa será realizada de maneira qualitativa[4] e quantitativa[5], simultaneamente, e sempre associada aos pressupostos teóricos do primeiro capítulo e às balizas estabelecidas pelo STF no julgamento do Recurso Extraordinário nº 641.320, apresentadas no segundo capítulo. Cabe destacar que se trata de escolha metodológica amparada na literatura especializada:

> Direi, inicialmente, que tenho, como outros, uma concepção geral da metodologia em ciências sociais (PIRES, 1985). Nessa perspectiva, é falso afirmar que exista uma metodologia qualitativa ou quantitativa: não há senão pesquisas qualitativas ou quantitativas (ou as duas, simultaneamente). A metodologia é uma só, e as grandes questões de ordem metodológica concernem tanto às pesquisas quantitativas quanto às pesquisas qualitativas (PIRES 1985). Certamente, uma série de questões e de estratégias precisas se aplica a tal ou qual técnica de observação

---

4. Em relação à pesquisa qualitativa: "*não se preocupa com representatividade numérica, mas sim, com aprofundamento da compreensão de um grupo social, de uma organização, etc. os pesquisadores que adotam a abordagem qualitativa opõem-se ao pressuposto que defende um modelo único de pesquisa para todas as ciências, já que as ciências sociais têm sua especificidade, o que pressupõe uma metodologia própria. Assim, os pesquisadores qualitativos recusam o modelo positivista aplicado ao estudo da vida social, uma vez que o pesquisador não pode fazer julgamentos nem permitir que seus preconceitos e crenças contaminem sua pesquisa*" (SILVEIRA, GERHARDT, 2009, p. 31-33).

5. Em relação à pesquisa quantitativa: "*Diferentemente da pesquisa qualitativa, os resultados da pesquisa quantitativa podem ser quantificados. Como as amostras geralmente são grandes e consideradas representativas da população, os resultados são tomados como se constituíssem um retrato real de toda a população alvo da pesquisa. A pesquisa qualitativa se centra na objetividade. Influenciada pelo positivismo, considera que a realidade só pode ser compreendida com base na análise de dados brutos, recolhidos com o auxílio de instrumentos padronizados e neutros. A pesquisa qualitativa recorre à linguagem matemática para descrever as causas de um fenômeno, as relações entre variáveis, etc. A utilização conjunta da pesquisa qualitativa e quantitativa permite recolher mais informações do que se poderia conseguir isoladamente*" (FONSECA, 2002).

> empírica, forma de amostragem, ou modalidade de tratamento de dados, etc., mas isso não permite propriamente falar em "uma metodologia à parte". (PIRES, 2008, p. 87)

Os procedimentos metodológicos adotados neste capítulo foram efetuados a partir da aplicação dos seguintes filtros nas respectivas seções de "jurisprudência" dos endereços eletrônicos de cada Tribunal de Justiça:

a) no campo "busca", foram testadas as seguintes expressões: "Súmula Vinculante nº 56"; "Súmula Vinculante 56"; "Súmula Vinculante 56" e; "falta de estabelecimento penal adequado".

b) em "data da publicação", considerou-se o intervalo entre o dia 8 de agosto de 2016 – data da publicação do Recurso Extraordinário nº 641.320 - e o dia 22 de dezembro de 2017 – data limite das análises propostas nesta pesquisa.

c) em "tipo de decisão" foi selecionada a opção "acórdãos".

Além dos filtros acima, examinou-se as decisões quanto à efetiva pertinência temática aos objetivos desta obra e desconsiderou-se as decisões nas quais não havia sido examinado o mérito. Como resultado desses recortes, chegou-se ao universo de 166 decisões, distribuídas conforme a Tabela 3 abaixo:

Tabela 3- Tribunais de Justiça e quantitativo de decisões analisadas.

Tribunal	Quantidade de decisões analisadas
TJRS	39
TJTO	8
TJCE	18
TJSP	95
TJDF	6
Total	166

Antes de iniciar as análises propostas, é importante esclarecer que a exibição dos nomes dos magistrados nas decisões – e, em especial no anexo 2- não objetiva criticar a atuação dos julgadores, pois sabe-se que o trabalho de julgar constitui-se em uma tarefa árdua e complexa. Sendo assim, as informações obtidas com a análise da atuação dos juízes e desembargadores busca única e exclusivamente verificar se há padrão objetivo ou subjetivo nas decisões e se há harmonia interna nos julgamentos de um mesmo magistrado. Trata-se, na verdade, de investigação recorrente no âmbito dos estudos de análise de conteúdo de decisões judiciais[6]:

> O processo judicial como fonte de dados aqui apontado, pressupõe o posicionamento dos atores envolvidos – os juízes não são atores neutros, ou mero porta-vozes do discurso oficial do Estado. Na verdade, a manifestação dos juízes nos processos pode ser compreendida como reproduzindo o discurso da corporação, ou seja, a ideologia dominante; ou ainda como um posicionamento do ator no campo jurídico (BOURDIEU, 1989), que luta pela melhor definição de sua posição neste campo. (XIMENES, 2011, p. 6)

Nesse particular, cabe revisitar as lições de Luigi Ferrajoli, segundo as quais o anonimato é um dos principais fatores de irresponsabilidade das decisões e que, consequentemente, os magistrados devem se expor constantemente para impulsionar o comando público do trabalho judicial:

> Um dos principais fatores da irresponsabilidade dos juízes é de fato o anonimato em que estão envolvidas e protegidas suas atividades.

6. Ressalto, em complemento à citação acima, outro trecho: *"Assim, a técnica procura conhecer aquilo que está por trás das palavras sobre as quais se debruça, e não uma restrita "leitura do real", que aceita o caráter provisório das hipóteses, que descreve os conteúdos, mas sim no que estes poderão nos ensinar após serem trabalhados com o quadro referencial específico sobre o tema. Aqui adentramos um dos principais elementos da análise de conteúdo quando aplicada qualitativamente nas ciências humanas, a inferência".* (XIMENES, 2011, p. 6)

> [...]
>
> A relação de minoria nas decisões colegiadas, em particular, comporta a co-responsabilização de todos os membros do Colégio, sem que ninguém tenha a possibilidade de acobertar-se na orientação da maioria ou de alegar a qualidade de minoria. E, sobretudo, ela é um decisivo fator de ruptura do álibi do puro "tecnicismo " e "neutralidade" da decisão, permitindo externar não mais, como hoje ocorre, uma só "verdade" - isto é, uma só interpretação da lei e uma só valoração dos fatos e das provas -, mas verdades diversas e contrastantes, de modo tal a estimular a atenção, a discussão, a crítica informada e consequentemente o controle público sobre a atividade dos juízes.
>
> [...]
>
> Os juízes, como se disse, são perquiridores exclusivos e solitários da verdade processual: essa é uma convenção necessária, exigida pelas garantias de certeza e pré-constituição natural do juiz, pela necessidade de assegurar veredictos não contraditórios e também pelo valor da separação entre as funções repressivas e os cidadãos. Mas isso não tolhe a relatividade dos seus juízos e de suas verdades e tampouco a relativa arbitrariedade de sua designação como juiz. Daí não só a natureza essencial da crítica pública, mas também a necessidade de que o juiz a ela se exponha constantemente, assumindo também ele o ponto de vista externo dos cidadãos desprovidos de poder, que é então o fundamento da sua independência política e cultural frente ao poder e da legitimidade mesma de suas funções. (FERRAJOLI, 2002, p. 482)

Em relação à atuação judicial, convém rememorar as lições de Garapon quando, ao analisar criticamente a ascensão dos juízes, alertou sobre o contraponto entre o crescimento da atuação do Poder Judiciário – em que pese alguns juízes não se renderem aos apelos populistas – e o declínio da democracia. Questiona pertinentemente o autor:

> Quais devem ser as qualidades de um juiz? Como avaliá-las? Devem ser concedidas garantias às funções preenchidas pelos juízes. Enquanto eles se limitavam a aplicar textos legislativos, um duplo controle - jurisdicional e hierárquico - bastava. Mas

> o juiz passou, nestes últimos tempos, a posição de guardião do templo àquela de pesquisador do direito. Onde vai o juiz encontrar por sua vez suas referências para resolver tais questões? Na lei? Está em declínio. Na sua própria subjetividade? É inaceitável. Na sua consciência? Quem a controlará? Numa adaptação razoável e transparente dos princípios fundamentais do direito? Talvez, desde que redobre o rigor e a honestidade intelectual. O juiz não pode mais pretender uma legitimidade exclusivamente positivista num contexto que deixou de sê-lo. Para poder considerar-se censor da ética nos outros, ele deve responder à própria ética. (GARAPON, 1996, p. 254)

Feitos os esclarecimentos de ordem metodológica, as subseções a seguir destinam-se ao estudo dos casos de aplicação da Súmula Vinculante nº 56 no âmbito dos Tribunais de Justiça dos Estados do Rio Grande do Sul (TJRS), do Tocantins (TJTO), do Ceará (CE), de São Paulo (TJSP) e do Distrito Federal e Territórios (TJDFT).

3.2. ESTUDO DE CASOS: O TRIBUNAL DE JUSTIÇA DO ESTADO DO RIO GRANDE DO SUL (TJRS)

3.2.1. *Justificativa da escolha do TJRS e contextualização da situação prisional no Rio Grande do Sul*

Este trabalho optou por iniciar a análise de conteúdo da jurisprudência de base a partir dos julgados do Tribunal de Justiça do Estado do Rio Grande do Sul (TJRS) pelo fato de o recurso paradigma da Súmula Vinculante nº 56 ter se originado neste Estado.

Antes de dar início ao estudo das decisões, é importante contextualizar a situação atual[7] do sistema prisional do Estado do

7. No anexo 1 constam as informações que foram prestadas pelos Governos dos Estados referentes ao ano de 2013 (data da audiência pública do Recurso Extraordinário

Rio Grande do Sul, onde está localizado um dos piores presídios do país[8]. De acordo com dados do Conselho Nacional de Justiça (CNJ), o Rio Grande do Sul possui 98 (noventa e oito) estabelecimentos que comportam 21.445 (vinte e um mil, quatrocentos e quarenta e cinco) presos, mas contabilizam 34.372 (trinta e quatro mil, trezentos e setenta e duas) pessoas recolhidas. Ou seja, há *déficit* de 12.927 (doze mil novecentos e vinte e sete) lugares, o que evidencia a necessidade de incremento de mais da metade do total das vagas disponíveis[9].

Desse total de 34.372 (trinta e quatro mil, trezentos e setenta e dois) detentos, 15.087 (quinze mil e oitenta e sete) foram submetidos ao regime fechado de cumprimento de pena, 5.709 (cinco mil setecentos e nove) ao regime semiaberto, e 1.141 (mil e cento e quarenta e um) ao regime aberto, além de 12.197 (doze mil e cento e noventa e sete) que estão presos provisoriamente, 13.454 (treze mil quatrocentos e cinquenta e quatro) que estão em prisão domiciliar, 4.418 (quatro mil e quatrocentos e dezoito) que estão com monitoramento eletrônico e 108 (cento e oito) que cumprem medida de segurança.[10]

Apresentado o cenário do sistema prisional no Estado do Rio Grande do Sul, passa-se efetivamente ao estudo da jurisprudência construída a partir da Súmula Vinculante nº 56. Do emprego dos

---

nº 641.320). Sendo assim, acrescentamos neste capítulo informações atualizadas dos anos de 2017 e 2018. Dados do DEPEN de 2014. Disponível em http://www.justica.gov.br/news/mj-divulgara-novo-relatorio-do-infopen-nesta-terca-feira/relatorio-depen-versao-web.pdf, p. 19. Acesso em: 10 de maio de 2018.

8. Relatório da CPI da Câmara dos Deputados de 2017 aponta que o Presídio Central de Porto Alegre é o pior do país. Disponível em: http://bd.camara.leg.br/bd/handle/bdcamara/31899 Acesso em: 10 de maio de 2018.

9. Dados do CNJ de 2018, GEOPRESÍDIOS. Disponível em http://www.cnj.jus.br/inspecao_penal/mapa.php, Acesso em: 10 de maio de 2018.

10. Dados do CNJ de 2018, GEOPRESÍDIOS. Disponível em http://www.cnj.jus.br/inspecao_penal/mapa.php, Acesso em: 10 de maio de 2018.

filtros propostos[11], constatou-se a existência de 39 (trinta e nove) acórdãos[12] relacionados à referida Súmula.

Desses 39 (trinte e nove) acórdãos prolatados em Agravo em Execução Penal, a saída antecipada foi concedida em 29 (vinte e nove) oportunidades e negada nos outros 10 (dez) casos.[13]

No mérito, percebe-se que aplicação da Súmula Vinculante nº 56 no Tribunal de Justiça do Rio Grande do Sul foi fortemente influenciada pela existência do programa de monitoramento eletrônico de presos, pois das 29 (vinte e nove) decisões pela concessão de saída antecipada, 16 (dezesseis) foram justificadas pelo monitoramento eletrônico. Ademais, considerações sobre periculosidade do agente e tipo do crime não têm sido determinantes para aplicação da Súmula, tendo em vista que a atuação do julgador no TJRS é, em geral, padronizada, pois em 10 (dez) decisões, a mesma decisão foi aplicada para crimes e penas diferentes. Além disso, a possibilidade de cumprimento de pena em estruturas que, de acordo com a legislação, não se adequam ao regime semiaberto foi a justificativa para a concessão de saída antecipada em 4 (quatro) decisões.

Por sua vez, as razões para a não aplicação da Súmula foram as seguintes: em 3 (três) processos devido à negativa da condição

11. Conforme explicado na introdução deste capítulo (item 3.1), a pesquisa foi realizada por meio do sítio eletrônico www.tjrs.jus.br, no ícone jurisprudência, no campo pesquisa de jurisprudência, com a seguinte palavra-chave: "Súmula Vinculante nº 56, de 8.8.2016 até 22.12.2017.

12. Dos 39 (trinta e nove) acórdãos, 38 (trinta e oito) são provenientes de agravos à execução penal e 1 (um) de *Habeas Corpus*.

13. Nos 29 (vinte e nove) casos em que houve a concessão da saída antecipada, 28 (vinte e oito) decorreram de decisão individual do magistrado, confirmada pelo Tribunal, e 1 (uma) resultou de decisão reformadora do Tribunal. Já nos 10 (dez) casos em que não houve aplicação da Súmula, 7 (sete) referem-se a acórdão do Tribunal que reformou decisão monocrática, enquanto as outras 3 (três) reportam-se a negativa da concessão de saída antecipada tanto pelo Juízo de origem quanto pelo Tribunal.

pessoal do apenado e ao saldo elevado de pena a cumprir[14]; em 4 (quatro) casos decidiu-se pela priorização de apenados que estivessem em melhores condições de receber a saída antecipada[15]; em 2 (dois) processos por motivos de priorização da segurança pública[16] e; em 1 (uma) situação do recorrente não ter evidenciado que o estabelecimento no qual cumpria pena não se adequava aos parâmetros legais[17].

A Tabela 4 sistematiza o conteúdo das 39 (trinta e nove) decisões do TJRS analisadas nesta subseção:

Tabela 4- Relação: aplicabilidade ou não da Súmula Vinculante nº 56 no TJRS

29 casos em que houve concessão de saída antecipada
10 casos em que a Súmula não foi aplicada

A partir da constatação quantitativa de que a saída antecipada foi concedida na maioria dos casos, a seção seguinte apresenta reflexão crítica sobre as discussões jurídicas mais relevantes que se realizaram no âmbito dos 39 (trinta e nove) acórdãos selecionados, com análise de mérito.

3.2.2. A formulação da jurisprudência de base e as principais discussões jurídicas ocorridas no âmbito do TJRS

Da leitura crítica de todos os processos julgados pelo TJRS, constatou-se que as principais discussões jurídicas sobre a impossibilidade de manutenção em regime mais gravoso e sobre a

14. Agravos números 1) 70075954529, 2) 70073075327, 3) 70069995637.
15. Agravos números 1) 70071156954, 2) 70069992881, 3) 70068992881, 4) 70069996676.
16. Agravos números 1) 70074352857, 2) 70073550519.
17. Agravo número 1) 70075365882.

concessão ou não da saída antecipada relacionaram-se com seguintes questões: (i) *a existência de programa de monitoramento eletrônico* e; (ii) *a dicotomia entre os interesses de segurança pública e os direitos dos apenados.*

Sobre a *existência de programa de monitoramento eletrônico*, verificou-se que a disponibilidade de tornozeleira eletrônica foi fator determinante para fundamentar grande parte das decisões de saída antecipada, evidenciando a importância desse tipo de política pública como forma de viabilizar o alcance dos objetivos da Súmula. No total, a utilização do sistema de tornozeleira eletrônica foi requerida pelos magistrados em 16 (dezesseis) decisões.

Para compreensão dessa questão, é importante destacar que a medida de monitoramento eletrônico está prevista na legislação infraconstitucional desde 2010, com o advento da Lei nº 12.258/2010, bem como na Lei de Execução Penal[18].

---

18. Art. 146-B. O juiz poderá definir a fiscalização por meio da monitoração eletrônica quando:
II- autorizar a saída temporária no regime semiaberto;
IV- determinar a prisão domiciliar;
Art. 146-C. O condenado será instruído acerca dos cuidados que deverá adotar com o equipamento eletrônico e dos seguintes deveres:
I- receber visitas do servidor responsável pela monitoração eletrônica, responder aos seus contatos e cumprir suas orientações;
II- abster-se de remover, de violar, de modificar, de danificar de qualquer forma o dispositivo de monitoração eletrônica ou de permitir que outrem o faça;
Parágrafo único. A violação comprovada dos deveres previstos neste artigo poderá acarretar, a critério do juiz da execução, ouvidos o Ministério Público e a defesa:
I- a regressão do regime;
II- a revogação da autorização de saída temporária;
VI- a revogação da prisão domiciliar;
VII- advertência, por escrito, para todos os casos em que o juiz da execução decida não aplicar alguma das medidas previstas nos incisos de I a VI deste parágrafo.
Art. 146-D. A monitoração eletrônica poderá ser revogada:
I- quando se tornar desnecessária ou inadequada;
II- se o acusado ou condenado violar os deveres a que estiver sujeito durante a sua vigência ou cometer falta grave.

Com efeito, o próprio STF reconheceu a possibilidade do uso de tornozeleiras eletrônicas na prisão domiciliar, nas situações de ausência de vagas no regime semiaberto ou aberto, em expansão às hipóteses previstas no artigo 117 da Lei de Execução Penal, que limita essa possibilidade a condenado maior de 70 (setenta) anos, condenado acometido de doença grave, condenada com filho menor ou deficiente físico ou mental, ou condenada gestante.

Nesse mesmo sentido, Rogério Greco afirma que sua implantação é imperativa em razão da absoluta falência do sistema penitenciário brasileiro. Rebate, inclusive, críticas relacionadas à violação ao direito à intimidade dos apenados em regime de monitoramento eletrônico. Defende que esse direito é infinitamente mais respeitado com o uso do monitoramento eletrônico do que por meio de sua manutenção em um presídio superlotado (GRECO, 2011).

Em sentido contrário ao uso de tornozeleiras eletrônicas, pode-se citar a opinião de Maria Lúcia Karam, que fundamenta o ponto de vista no receio do controle estatal sobre os indivíduos. A autora afirma que, para quem está privado de liberdade qualquer esmola é uma benção:

> Por mais paradoxal que possa parecer o discurso daqueles que são contra a utilização do monitoramento eletrônico por meio de braceletes, pulseiras ou tornozeleiras, é notório que tal prática concretiza a sombria perspectiva do controle total do Estado sobre os indivíduos. Dessa forma, não se pode pensar a questão sob os efeitos do desespero de quem está preventivamente privado de sua liberdade, pois, nessa condição, qualquer esmola de liberdade dada ao sujeito é uma dádiva. [...] Os dominados pela enganosa publicidade, os assustados com os perigos da sociedade de risco, os ansiosos por segurança a qualquer preço, e, com eles, os aparentemente bem intencionados reformadores do sistema penal, não percebem os contornos da nova disciplina social, não percebem as sombrias perspectivas do controle na era digital, não percebem a nítida tendência expansionista do

> poder punitivo em nosso pós-moderno mundo. Não percebem que a pós-moderna diversificação dos mecanismos de controle não evita o sofrimento da prisão. Ao contrário, só expande o poder punitivo em seu caminho paralelo ao crescimento da pena de liberdade. [...]
>
> A conveniência com os ilegítimos e crescentes atentados à privacidade, que a previsão em diplomas legais e disseminada utilização de invasivos e insidiosos meios de busca de prova (quebra do sigilo de dados pessoais, interceptação de comunicações, escutas e filmagens ambientais) destinados a fazer do próprio acusado ou investigado instrumento de obtenção da verdade sobre seus atos tornados criminosos, que o elogio ao monitoramento eletrônico, que a aceitação da onipresente vigilância e do espraiado controle legitimam e incentivam um desvirtuado uso das tecnologias que, se fazendo acessíveis na era digital, podem se tornar ulteriormente incontroláveis se esse desvirtuado uso não for confrontado e freado por leis efetivamente respeitadoras e eficazmente garantidoras dos direitos fundamentais do indivíduo, pelo compromisso com o pensamento liberal e libertário inspirador das declarações universais de direitos e das Constituições democráticas e por sua inafastável supremacia, pelo decisivo repúdio, atuante questionamento e concreta contenção de qualquer forma de expansão do poder punitivo, pela permanente afirmação, pelo atento cultivo e pela constante solidificação do desejo da liberdade. (KARAM, 2007, p. 5)

Retomando a análise do conteúdo das decisões, constatou-se que a importância da existência de programa de monitoramento eletrônico esteve presente em diversas ocasiões[19], entre as quais

19. No TJRS, houve concessão de liberdade eletronicamente monitorada em 16 dos 39 processos analisados. Contudo, identificou-se um caso (Agravo nº 70069992881) em que o Tribunal optou pela não aplicação da Súmula sob o fundamento de o Judiciário não poder atuar como legislador positivo e conceder liberdade eletronicamente monitorada para além dos parâmetros legais pré-estabelecidos. Trata-se de decisão em que o Juiz concedeu a liberdade eletronicamente monitorada ao apenado, mas o Tribunal cassou a decisão, sob o fundamento de que o Judiciário, ao conceder a prisão domiciliar com moni-

pode-se destacar o Agravo[20], no qual o juiz concedeu a liberdade eletronicamente monitorada e o Tribunal manteve o julgado. No mérito desse caso, a relatora questiona a inclusão do apenado no sistema de monitoramento eletrônico de presos, sob a argumentação de que a inclusão carece de amparo legal, caracteriza flagrante desvio da execução, além de não ser a melhor forma de resolver o problema da precariedade e da superlotação dos estabelecimentos prisionais. Afirma, entretanto, que teve que rever a sua posição sobre a questão, em razão da publicação da Súmula Vinculante nº 56. Trata-se, portanto, de exemplo concreto da repercussão da decisão do STF no âmbito das instâncias inferiores.

Outra questão importante identificada nas decisões do TJRS foi a *relação entre os interesses de segurança pública e os direitos dos apenados* em um contexto de saída antecipada. Nessa seara, a discussão jurídica mais relevante ocorrida no TJRS deu-se no caso em que o juiz da execução não concedeu a saída antecipada, sob a argumentação de que quem perde com a prisão domiciliar é a sociedade, que se sentiria ameaçada com a soltura de pessoas

toramento eletrônico aos apenados do regime semiaberto, desempenha função de legislador positivo, ato que viola o princípio constitucional da separação dos Poderes. Nesse caso, a desembargadora afirmou que, se o Poder Judiciário permitir a concessão de regime de prisão domiciliar aos condenados submetidos ao regime semiaberto, negará o exposto na Lei de Execução Penal, que prevê essa modalidade de prisão apenas para maiores de 70 (setenta) anos, ou pessoas com doenças graves, gestantes, e condenadas com filho menor ou deficiente. Assim, para a magistrada, tal concessão faz com que o Judiciário atue como legislador positivo, atividade que lhe é estranha.

20. Agravo número nº 70073921702, Relatora Cristina Pereira Gonzales. O crime cometido foi o exposto no artigo 157, §3º, c/c. artigo 14, todos do Código Penal (latrocínio tentado) e a parte condenada a 10 (dez) anos de reclusão, no regime fechado, tendo iniciado o seu cumprimento em 24/11/2008. No caso concreto, o apenado já havia progredido para o regime semiaberto e, devido à superlotação do estabelecimento, apresentou pedido de saída antecipada para cumprimento do restante da pena em regime domiciliar.

que deveriam estar segregadas[21]. Justificou, assim, que o interesse social prevalece sobre o direito individual do preso.

Ao longo dessa decisão, o juiz da Execução discorre sobre o conflito entre o direito do sentenciado que está aprisionado em regime com falta de vagas e o direito da população de não se sentir ameaçada, nos seguintes termos:

> Em caso de deferimento da prisão domiciliar, a fiscalização da medida seria, na prática, inviável, tornando a medida inócua e reforçando o descrédito da Justiça. Considerando que o albergue conta com grande número de apenados no regime aberto, ocorreria um esvaziamento, o que seria muito bom, face à superlotação (conhecida por todos); entretanto, tenho que, com isso, quem perderia seria a população, a qual paga seus impostos e conduz sua vida de forma regrada, não sendo justo que se sintam ameaçados por pessoas que devem estar segregadas.

A respeito do possível conflito de direitos, recorremos às lições de Guilherme Nucci, que enfatiza que os apenados são especialmente abrangidos pelos direitos e garantias fundamentais, previstos na Constituição:

> Se os direitos humanos são individuais, abrangem todos os indivíduos, inclusive – e especialmente – os infratores. Menciona-se o termo especialmente, porque vários direitos e garantias expressos nos incisos do art. 5º jamais serão aplicados, na prática, a

21. No Agravo nº 70074352857, o agravante o é Leandro Erani Schu Faleiro e o agravado é o Ministério Público. O acórdão de relatoria da desembargadora Lizete Andreis Sebben foi publicado em 16.8.2017. O crime cometido pelo agravado foi o exposto no artigo 155, §4º, do Código Penal (furto qualificado). O agravado iniciou o cumprimento da pena de 5 (cinco) anos e 4 (quatro) meses em regime fechado em 7.4.2016. Na data do pedido já havia progredido ao regime semiaberto. O juiz da execução indeferiu a saída antecipada, acatando os termos do Ministério Público. Informou que na cidade não há estabelecimento adequado para o regime semiaberto, mas que foi construído pela comunidade um prédio anexo que fica ao lado do presídio, mas dentro do complexo prisional, para abrigar apenados do regime aberto. Após recurso, essa posição do juízo monocrático foi referendada pelo Tribunal.

> quem nunca delinquir. Por outro lado, a segurança pública é um dever da coletividade, que dispõe de órgãos constitutivos justamente para preservá-la, dando suporte a todos. Uma ilustração: a rebelião ocorrida em um presídio, com fuga de condenados, coloca em risco a ordem pública; nem por isso os presos rebeldes ficam automaticamente privados de seus direitos individuais. Nem por isso, para resolver o problema, concede-se ao Estado o direito de matar os que ali estiverem causando a desordem. Cuida-se de assegurar a ordem sem ferir direitos fundamentais. Pode-se dizer que essa situação é difícil e complexa, o que não se nega, mas contabiliza-se, na integralidade com o texto constitucional. (NUCCI, 2016, p. 71)

Importante destacar, nesse pormenor, que essa discussão já havia sido travada no âmbito do processo que deu origem à Súmula Vinculante nº 56. Conforme destacado no capítulo 2 deste livro, o Ministério Público do Estado do Rio Grande do Sul havia se manifestado no sentido de que deve preponderar o cumprimento da lei sobre o interesse do apenado[22]. Em posição diversa, o Ministro Relator asseverou que a execução de penas em nome da segurança pública só se justifica com a observância da estrita legalidade. Afirmou, ainda, que a manutenção dos apenados em regime mais gravoso enfraquece a segurança pública, tendo em vista que o Estado perde o controle das prisões.

---

22. Naquela ocasião, posicionou-se o *Parquet* nos seguintes termos: "*Confrontados os interesses, forçoso reconhecer que prepondera o cumprimento da lei sobre o interesse do apenado, sob pena de criar-se situação de total impunidade no Estado do Rio Grande do Sul, bem como desigualdade entre os próprios sentenciados*". Em sentido oposto, o Ministro Gilmar Mendes ponderou que "*a execução de penas corporais em nome da segurança pública só se justifica com a observância de estrita legalidade. Regras claras e prévias são indispensáveis. Permitir que o Estado execute a pena de forma deliberadamente excessiva seria negar não só o princípio da legalidade, mas a própria dignidade humana dos condenados – art. 1º, III.*" Para mais detalhes dessa discussão no âmbito do RE 641.320, conferir capítulo 2 deste livro.

Outro achado relevante dos processos analisados do TJRS foi a atuação padronizada de um dos magistrados sobre o excesso de execução e a adequação da concessão de saída antecipada. Trata-se de magistrado que empregou de forma uniforme a concessão da saída antecipada em todos os 10 (dez) processos relatados e com a mesma fundamentação. Independentemente do tipo de crime cometido (o relator analisou crimes de homicídio qualificado, tráfico de drogas e uso de drogas), da quantidade de pena ou da periculosidade do agente, a prisão domiciliar foi permitida com a seguinte justificativa, que foi reproduzida no âmbito de todos os 10 (dez) processos:[23]

> Recentemente, o Supremo Tribunal Federal editou uma súmula vinculante, a de nº 56, tratando do assunto e enunciando: "A falta de estabelecimento penal adequado não autoriza a manutenção do condenado em regime prisional mais gravoso, devendo-se observar, nesta hipótese, os parâmetros fixados no Recurso Extraordinário (RE) 641320".
>
> Portanto, e concluindo, não importa qual o regime prisional está cumprindo o apenado, aberto ou semi-aberto. Inexistindo vagas em penitenciárias para o cumprimento adequado da sua pena, poderá o Juizado da Vara de Execução Penal, de forma excepcional e provisoriamente, autorizar o cumprimento da pena em prisão domiciliar.

Nesse ponto, pode-se afirmar que a fundamentação padrão utilizada pelo juiz não observou todos os pressupostos estabelecidos pelo STF no Recurso Extraordinário nº 641.320. Naquela oportunidade, o Ministro Relator alertou sobre a necessidade de os Tribunais considerarem o caráter do crime, se violento ou hediondo, por exemplo, para a concessão de saída antecipada:

---

23. 1) Processos números 1) 70071617336, 2) 70070775051, 3) 70071015408, 4) 70070627674, 5) 70070583117, 6) 70070601455, 7) 70070590658, 8) 70070573 712, 9) 70070635339, 10) 70070847249.

> Por certo, ainda restarão várias questões sobre a saída antecipada, a serem apreciadas pelas instâncias ordinárias. Pode-se cogitar, por exemplo, da consideração do caráter do crime – violento ou não, hediondo ou equiparado ou não. Há bons argumentos favoráveis à consideração dessas circunstâncias. Afinal, são crimes particularmente graves, merecendo cumprimento rigoroso da reprimenda aplicada. Outras considerações, no entanto, podem ser feitas em sentido contrário. O caráter do crime é levado em conta na cominação e na aplicação da pena. Da mesma forma, as circunstâncias que levam à necessidade de uma fração maior de pena para benefícios – reincidência, caráter hediondo do delito – pesarão na saída antecipada, na medida em que necessário mais tempo de pena cumprida para se aproximar do requisito objetivo de progressão. O que deve ficar ressaltado é que a presente decisão não pretende esgotar todas as possibilidades de administração de vagas nos regimes semiaberto e aberto. Ao reconhecer a possibilidade da antecipação da saída de sentenciados, estamos criando espaço para formulação de uma jurisprudência de base, que irá superar as lacunas e resolver os conflitos. Tenho por conveniente confiar às instâncias ordinárias margem para complementação e execução das medidas.

Ademais, esse tipo de fundamentação também contraria preceitos importantes construídos pela doutrina especializada. Luigi Ferrajoli, por exemplo, declara que, a despeito da discricionariedade judicial, o magistrado deve distinguir os fatos julgados:

> A interpretação da lei, como hoje pacificamente se admite, nunca é uma atividade exclusivamente recognitiva, mas é sempre fruto de uma escolha prática a respeito de hipóteses interpretativas alternativas. Esta escolha, mais ou menos opinativa segundo o grau de indeterminação da previsão legal, se esgota inevitavelmente no exercício de um poder na indicação ou qualificação jurídica dos fatos julgados.
>
> [...]
>
> Em terceiro lugar, além de comprovar os fatos abstratamente indicados na lei como pressupostos da pena, o juiz deve discernir

> as conotações que convertem cada fato em diverso dos demais, por mais que estes pertençam ao mesmo gênero jurídico. (FERRAJOLI, 2002, p. 33-34)

De forma geral, tem-se que a concessão de saída antecipada ao condenado que estava cumprindo pena em regime com falta de vagas ocorreu em 74% (setenta e quatro por cento) dos processos, ou seja, na maioria dos casos julgados. Por sua vez, a não concessão de saída antecipada ocorreu em 26% (vinte e seis por cento) dos processos localizados no sítio eletrônico do TJRS. Pondera-se que a não concessão da saída antecipada não pode ser interpretada necessariamente como desrespeito aos preceitos da Súmula Vinculante nº 56, tendo em vista que há casos em que o preso, de fato, não cumpria os requisitos objetivos e/ou subjetivos. Destaca-se, ainda, que nenhuma decisão do TJRS foi no sentido de transferir o apenado para estabelecimento similar ou equivalente ao do regime com falta de vagas. Estes dados podem ser conferidos nos gráficos, a seguir:

Gráfico 1: aplicabilidade ou não da Súmula Vinculante nº 56 no TJRS

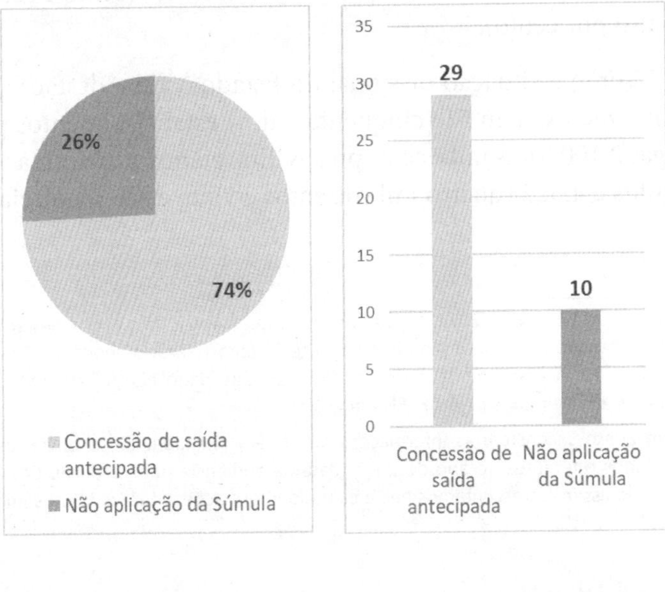

Por fim, informa-se que o posicionamento agregado dos magistrados do TJRS quanto a aplicação ou não da Súmula Vinculante nº 56 e/ou a concessão ou não da saída antecipada consta no anexo 2 desta obra.

3.3. ESTUDO DE CASOS: O TRIBUNAL DE JUSTIÇA DO ESTADO DE TOCANTINS (TJTO)

3.3.1. *Justificativa da escolha do Tribunal e contextualização da situação prisional do Estado de Tocantins*

Entre os Estados da Região Norte, serão analisados os casos do Tribunal de Justiça do Estado de Tocantins. Conforme explicado anteriormente, além de ter sido o Tribunal do Norte do Brasil com a maior quantidade de decisões relativas ao tema da Súmula Vinculante nº 56, sua seleção é justificada por ser também o Estado em que houve maior crescimento da população prisional entre 2005 e 2014[24]. Nesse período, segundo dados do Departamento Penitenciário Nacional (DEPEN), a população carcerária brasileira aumentou em média 66% (sessenta e seis por cento), sendo que no Estado de Tocantins esse percentual foi 174% (cento e setenta e quatro por cento).

Sobre a situação prisional do Estado[25], cabe destacar que atualmente existem 51 (cinquenta e um) estabelecimentos para abrigar 2.100 (dois mil e cem) presos. Entretanto, a quantidade de detentos é 4.327 (quatro mil trezentos e vinte e sete), ou seja, há

---

24. Dados do DEPEN de 2014. Disponível em http://www.justica.gov.br/news/mj-divulgara-novo-relatorio-do-infopen-nesta-terca-feira/relatorio-depen-versao-web.pdf, p. 19. Acesso em: 10 de maio de 2018. Este dado não foi atualizado nos dados apresentados pelo DEPEN em 2017.

25. No anexo 1 constam as informações que foram prestadas pelos Governos dos Estados referentes ao ano de 2013 (data da audiência pública do RE 641.320). Sendo assim, acrescentamos neste capítulo informações atualizadas dos anos de 2017 e 2018.

déficit de 2.227 vagas (dois mil duzentos e vinte e sete). Do total de detentos, 2.637 (dois mil seiscentos e trinta e sete) são condenados ao regime fechado, 205 (duzentos e cinco) ao semiaberto, 13 (treze) ao regime aberto, 1.466 (mil quatrocentos e sessenta e seis) são presos provisórios e 216 (duzentos e dezesseis) estão submetidos à prisão domiciliar, sendo 74 (setenta e quatro) com monitoramento eletrônico[26].

Apresentado o contexto atualizado do sistema penitenciário do Estado de Tocantins, sucede-se ao exame da jurisprudência formada em decorrência da edição da Súmula Vinculante nº 56. Aplicando-se os filtros apresentados[27], a pesquisa apresentou 8 (oito) acórdãos com análise de mérito, sendo 6 (seis) da classe de *Habeas Corpus* e 2 (dois) agravos em execução penal[28].

Dos 8 (oito) processos, em apenas 1 (um) caso houve a concessão direta de saída antecipada[29]. Em outros 5 (cinco) julgados, foram propostas medidas para adequar o cumprimento de pena ao estabelecimento de regime semiaberto ou similar[30]. Já em 2 (dois) casos a Súmula não foi aplicada tendo em vista a possibilidade de reiteração delitiva e periculosidade do agente e no

26. Dados do CNJ de 2018, GEOPRESÍDIOS. Disponível em http://www.cnj.jus.br/inspecao_penal/mapa.php, Acesso em: 10 de maio de 2018.

27. Conforme explicado na introdução deste capítulo (item 3.1), a pesquisa foi realizada por meio do sítio eletrônico www.tjto.jus.br, no ícone jurisprudência, no campo pesquisa de jurisprudência, com as seguintes palavras-chave "Súmula Vinculante nº 56", de 8.8.2016 até 22.12.2017. Não há opção de pesquisa por datas no *site* do Tribunal, como nos outros ora analisados.

28. Foram 10 (dez) processos localizados nos termos da pesquisa "Súmula Vinculante 56". Entretanto, 2 (duas) decisões são anteriores à Súmula Vinculante 56 e, portanto, não entraram nesta pesquisa.

29. Processo número 1) 0005407-04.2016.827.0000.

30. Processos números 1) 5000935-80.2013.827.2714, 2) 5019071-52.2013.827.2706, 3) 0012141-68.2016.827.0000, 4) 0005911-73.2017.827.0000, 5) 0000459-82.2017.827.0000.

segundo processo em razão de o apenado não possuir residência fixa na Comarca.[31]

A Tabela 5 sistematiza o conteúdo das 8 (oito) decisões do TJTO analisadas nesta subseção:

Tabela 5- Relação: aplicabilidade ou não da Súmula Vinculante nº 56

5 casos em que foram propostas medidas para harmonizar o cumprimento de pena ao regime semiaberto
1 caso em que houve concessão de saída antecipada
2 casos em que a Súmula não foi aplicada

A partir da constatação quantitativa de que medidas para adequar o cumprimento de pena ao estabelecimento de regime semiaberto ou similar foram determinadas na maioria dos casos, a seção seguinte apresenta reflexão crítica sobre as discussões jurídicas mais relevantes que se realizaram no âmbito dos 8 (oito) acórdãos selecionados.

3.3.2. A formulação da jurisprudência de base e as principais discussões jurídicas

Do conjunto de todos os processos apreciados no TJTO, a principal discussão jurídica deu-se em torno da possibilidade de *compensação da falta de vagas com medidas que harmonizassem o cumprimento da pena com os preceitos do regime semiaberto.* Essa alternativa foi aplicada majoritariamente pelo TJTO, em detrimento da saída antecipada, e englobou sobretudo a autorização para saída temporária para o trabalho, estudo e convivência social durante o dia, com recolhimento noturno em alas separadas dos apenados do regime fechado.

31. Processos números 1) 0012137-31.2016.827.0000, 2) 0012429-79.2017.827.

Entre as decisões em que não houve autorização de saída antecipada, e sim a exigência de compensação com medidas que se harmonizassem ao regime semiaberto, destaca-se o caso em que o juiz da Execução autorizou, tendo em vista a progressão do regime fechado para o semiaberto, a saída temporária do apenado para trabalhar durante o dia, devendo, contudo, se recolher ao cárcere durante o período noturno, feriados e finais de semana[32].

No acórdão, como o Juízo de origem autorizou que o apenado deixasse a unidade prisional durante o período diurno, possibilitando-lhe que trabalhasse, convivesse com a família, se profissionalizasse, estudasse e executasse outras atividades que entendesse necessárias à reinserção do apenado à sociedade e considerando que os submetidos ao regime semiaberto ficavam separados dos que cumpriam pena no regime fechado, a magistrada não autorizou a saída antecipada. Nesse ponto, afirmou que:

> [...] não se verifica grande excesso com relação aos presos do semiaberto, conforme ofício da própria diretoria da Cadeia, tendo em vista que há apenas dois excedentes a mais que a capacidade. Assevere-se ainda há grande rotatividade entre os detentos, e geralmente o número de presos não ultrapassam a sete.

Além desse caso, em outros 4 (quatro) processos o TJTO adotou essa mesma solução: a não concessão de saída antecipada, compensada com a autorização para trabalho externo, com o objetivo de propiciar condições de ressocialização do condenado

---

32. Trata-se do Agravo em em Execução Penal nº 5000935-80.2013.827.2714, no qual o sentenciado é o agravante Leudivan Passos da Silva e o agravado é o Ministério Público de Tocantins. O acórdão, de relatoria da desembargadora Ângela Prudente, foi publicado em 4 de abril de 2017.
O crime cometido foi o exposto no artigo 217-A, do Código Penal (estupro de vulnerável) e o agravante foi condenado a 8 (oito) anos, 10 (dez) meses e 15 (quinze) dias de reclusão, no regime fechado. Na data do pedido, já havia progredido ao regime semiaberto e, em razão da falta de vagas na comarca de Colméia-TO, requereu o cumprimento do restante da pena em prisão domiciliar.

por meio do trabalho. Nessa perspectiva, as decisões do TJTO consolidaram-se no sentido de prever a possibilidade de os apenados do regime semiaberto trabalharem fora do presídio e apenas voltarem ao estabelecimento para passar a noite[33].

Nesse ponto, convém destacar que realidade do regime semiaberto no Brasil é de *déficit* de vagas e de ausência de trabalho interno nessas unidades, motivo pela qual a possibilidade de trabalho externo é empregada como regra. É nesse sentido o diagnóstico de Douglas Bonaldi Maranhão:

> Noutro norte, convém lembrar a deficiência estrutural do sistema penitenciário brasileiro no que diz respeito à existência de colônias penais agrícolas ou industriais, que permitissem ao condenado cumprir pena em regime semiaberto, podendo desenvolver a atividade laborativa no interior dessas unidades. Ou seja, não só do ponto de vista jurídico, mas também de acordo com a própria realidade que se apresenta, que se pauta pela não exigência do cumprimento de 1/6 do cumprimento da pena para poder desenvolver atividade laborativa no âmbito externo. (PRADO, HAMMERSCHMIDT, MARANHÃO, COIMBRA, 2013, p. 135-136)

Em relação a essa solução adotada pelo TJTO, é importante salientar que o próprio Recurso Extraordinário nº 641.320 reconhece, ainda que não fosse o objeto central do caso, a importância da oferta de estudo e de trabalho como mecanismos de ressocialização e de satisfação dos direitos dos apenados[34]. Aqui, cabe revisitar as lições Luigi Ferrajoli sobre a necessidade e a rele-

---

33. O artigo 35, § 1º. do Código Penal estabelece que, como regra para os apenados de regime semiaberto, que o trabalho deveria ser realizado na colônia agrícola. Já o § 2º admite que o trabalho seja externo.

34. Lei de execução penal, nº 7.210/1984, artigo 39, V: Art. 39. Constituem deveres do condenado: V - execução do trabalho, das tarefas e das ordens recebidas; E artigo 41, II: Art. 41 - Constituem direitos do preso: II - atribuição de trabalho e sua remuneração;

vância do trabalho e das demais atividades coletivas direcionadas à reinserção social e a sua importância para melhor condição de vida dentro da prisão:

> É necessário, sobretudo, que as condições de vida dentro da prisão sejam para todos as mais humanas e as menos aflitivas possíveis; que em todas as instituições penitenciárias esteja previsto o trabalho - não obrigatório, senão facultativo -juntamente com o maior número possível de atividades coletivas, de tipo recreativo e cultural; que na vida carcerária se abram e desenvolvam espaços de liberdade e de sociabilidade mediante a mais ampla garantia de todos os direitos fundamentais da pessoa; que, por fim, seja promovida a abertura da prisão - os colóquios, encontros conjugais, permissões, licenças etc. - não mediante a distribuição de prêmios e privilégios, senão com a previsão de direitos iguais para todos. É provável que tudo isso, ainda que necessário, resulte insuficiente para impedir a função perversa e criminógena do cárcere: e isto, como veremos no parágrafo 31, é um dos argumentos mais consistentes em favor da abolição da pena privativa de liberdade. (FERRAJOLI, 2002, p. 319)

Em direção semelhante à alternativa construída pelo TJ-TO, há doutrina que admite a adoção de soluções que superem a análise restrita do que está disposto na legislação, em razão do reconhecimento do Estado de Coisas Inconstitucional do sistema penitenciário brasileiro[35]. Em artigo recente, Defensores Públicos de Execução Penal admitem que *são cabíveis medidas compensatórias de natureza penal em prol da pessoa privada de liberdade encarcerada em condições degradantes.* (REV. CONSULTOR JURÍDICO, 2016).

Nesse contexto, pode-se interpretar o modelo de compensação da saída antecipada pela possibilidade de trabalho e estudo

35. A Arguição de Descumprimento de Preceito Fundamental nº 347 e o Estado de Coisas Inconstitucional foram abordados no segundo capítulo desta obra.

externo no período diurno com recolhimento noturno em ala separada encontra respaldo em parte da doutrina e pode ser interpretado como uma solução relativamente compatível com os pressupostos teóricos delineados pelo STF.

Diante disso, pode-se afirmar, portanto, que ao menos um dos pressupostos da Súmula foi aplicado em 75% (setenta e cinco por cento) dos processos: dos 8 (oito) processos analisados, em 5 (cinco) foram propostas medidas para adequar o cumprimento de pena ao regime semiaberto, 63% (sessenta e três por cento) e em 1 (um) processo houve a concessão de saída antecipada, 13% (treze por cento), o que totaliza a aplicação da Súmula nos 75% (setenta e cinco por cento) dos casos. Por outro lado, se considerarmos a aplicação da Súmula apenas no sentido da concessão de saída antecipada, esta ocorreu em 13% (treze por cento) dos processos. Por fim, em 2 (dois) casos a Súmula não foi aplicada, ou seja, em 25% (vinte e cinco por cento) dos casos. Estas informações podem ser examinadas nos gráficos, a seguir:

Gráfico 2: aplicabilidade ou não da Súmula Vinculante nº 56 no TJTO

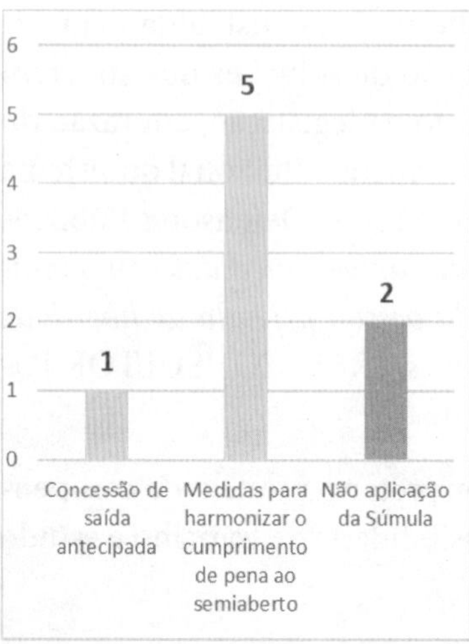

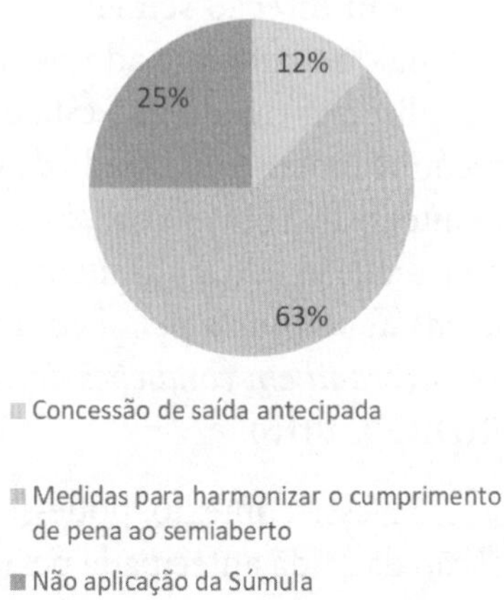

Outra característica observada nos julgamentos do TJTO é, na verdade, um questionamento. Como, em um Estado com evidente superlotação dos presídios, pode haver tão poucos pedidos de aplicação de Súmula Vinculante que apresenta alternativas para solucionar este problema? As diversas variáveis que podem responder à indagação ultrapassam os limites deste livro[36]. Entretanto, como a multiplicidade de decisões judiciais ocasiona maior probabilidade de mudança[37], talvez, em razão da baixa quantidade de processos sobre o Recurso Extraordinário nº 641.320, a saída antecipada tenha sido concedida em apenas 1 (um) dos 8 (oito) casos analisados.

Por fim, informa-se que o posicionamento agregado dos magistrados do TJTO quanto a aplicação ou não da Súmula Vinculante nº 56 e/ou a concessão ou não da saída antecipada consta no anexo 2 desta obra.

---

36. A despeito de ultrapassar os limites prescritos desta obra, vale citar que estudo do CNJ (Justiça em números, de 2016) que diferencia os Tribunais de pequeno, médio e grande porte do País. A título de comparação, o TJTO, Tribunal de pequeno porte, tramitou 447.281 processos em 2016, enquanto o TJSP, Tribunal de grande porte, tramitou 25.943.503em 2016, o TJRS, Tribunal de grande porte, tramitou 4.491,617 processos em 2016.
    Ademais, alguns pontos podem ser levantados para discussão em outros estudos para análise da diferença da quantidade de decisões por Estado, tais como: (i) o recorte do tempo de pesquisa foi de 8 de agosto de 2016 (data da publicação da Súmula) até 22 de dezembro de 2017. Este recorte indica que, talvez, tenha faltado tempo hábil para que os Tribunais produzissem mais decisões; (ii) existe a possibilidade de que os Tribunais não sejam rápidos para analisar temas de execução penal; (iii) há a probabilidade de alguns Tribunais estarem mais conectados com a Suprema Corte e executarem mais rapidamente as decisões do STF. Além disso, vale esclarecer que todos estes Estados possuem estabelecimentos destinados ao regime semiaberto, embora a quantidade não seja proporcional ao número de presos.
37. Conforme observado anteriormente, no TJRS, das 30 decisões a respeito da Súmula Vinculante 56, 74% concederam a saída antecipada. A porcentagem maior de concessão será também verificada nos Estados de São Paulo (96 processos a respeito da Súmula) e Ceará (18 processos a respeito da Súmula), que serão analisados em seguida.

3.4. ESTUDO DE CASOS: O TRIBUNAL DE JUSTIÇA DO ESTADO DO CEARÁ (TJCE)

3.4.1. Justificativa da escolha do Tribunal e contextualização da situação prisional do Estado do Ceará

Na região Nordeste, optou-se por investigar os casos julgados pelo Tribunal de Justiça do Estado do Ceará. Além do critério de seleção comum a todos os processos, a saber, ser o Ceará o Estado da região com o maior número de decisões com o tema da Súmula Vinculante nº 56, a escolha também se justifica em razão do número de presos provisórios. No Brasil cerca de 40% (quarenta por cento) de presos são provisórios, sendo o Estado do Ceará o que mais comporta pessoas, sem condenação, vivendo nos presídios. Segundo relatório do DEPEN de 2016, apresentado em 2017, no Ceará 66% (sessenta e seis por cento) dos presos são provisórios[38]. Adiciona-se a esses critérios a crise da segurança pública e a violência que assola o Estado, sobretudo na capital Fortaleza, que é considerada uma das cidades mais violentas do mundo[39].

38. Dados do DEPEN, ano base de 2016, publicado em 2017. Disponível em http://depen.gov.br/DEPEN/noticias-1/noticias/infopen-levantamento-nacional-de-informacoes-penitenciarias-2016/relatorio_2016_22111.pdf , p. 15. Sergipe e Amazonas vêm na sequência com 65% (sessenta e cinco por cento) e 64% (sessenta e quatro por cento), respectivamente Acesso em 10 de setembro de 2018.

39. Segundo estudo realizado pela ONG Seguridad, Justicia y Paz, das 50 (cinquenta) cidades mais violentas do mundo, 17 estão no Brasil, sendo Natal a 4º cidade mais violenta do mundo e Fortaleza é a 7º (sétima): *"De las 50 ciudades del ranking 17 se ubican en Brasil, 12 en México, 5 en Venezuela, 4 en Estados Unidos, 3 en Colombia, 3 en Sudáfrica, y 2 en Honduras. Hay una ciudad de El Salvador, Guatemala, Puerto Rico y Jamaica. La abrumadora mayoría de las 50 ciudades más violentas del mundo se ubican en América Latina (42 urbes)"*.Disponível em https://www.seguridadjusticiaypaz.org.mx/biblioteca/prensa/category/6-prensa. Las 50 Ciudades Más Violentas del Mundo 2017.Acesso em 25 de maio de 2018.

Sobre a situação dos estabelecimentos do Estado[40], dados do CNJ[41] demonstram que existem 168 (cento e sessenta e oito) estabelecimentos penais, com a capacidade de 11.665 (onze mil, seiscentos e sessenta e cinco) vagas e 19.794 (dezenove mil setecentos e noventa e quatro) presos no Ceará. Ou seja, há *déficit* de 8.129 (oito mil cento e vinte e nove vagas). Do total dos presos, 5.307 (cinco mil trezentos e sete) foram condenados ao regime fechado, 2.185 (dois mil centos e oitenta e cinco) ao semiaberto e 494 (quatrocentos e noventa e quatro) ao regime aberto, enquanto 11.740 (onze mil setecentos e quarenta) são presos provisórios, montante bastante alto se comparado com a quantidade total de presos, o que vai ao encontro da informação de que o Estado do Ceará é a unidade da federação com a maior quantidade de presos sem condenação[42].

Feita a apresentação dos dados atualizados do sistema carcerário do Estado do Ceará, passa-se ao estudo da jurisprudência construída após a edição da Súmula Vinculante nº 56. Utilizando-se os filtros no sítio eletrônico do TJCE[43], foram localizados 35 (trinta e cinco) processos, dentre ações ordinárias e *Habeas Corpus*. Entretanto, destes 35 (trinta e cinco), em apenas 18 (dezoito) houve análise de mérito[44].

---

40. No anexo 1 constam as informações que foram prestadas pelos Governos dos Estados referentes ao ano de 2013 (data da audiência pública do Recurso Extraordinário nº 641.320). Sendo assim, acrescentamos neste capítulo informações atualizadas dos anos de 2017 e 2018, conforme nota de rodapé nº 107.
41. Dados do CNJ de 2018, GEOPRESÍDIOS. Disponível em http://www.cnj.jus.br/inspecao_penal/mapa.php, Acesso em: 10 de maio de 2018.
42. A porcentagem de presos provisórios é realizada comparando com a quantidade total de presos no Estado.
43. Conforme explicado na introdução deste capítulo (item 3.1), a pesquisa foi realizada por meio do sítio eletrônico www.tjce.jus.br, no ícone jurisprudência, no campo pesquisa de jurisprudência, com as seguintes palavras-chave "Súmula Vinculante nº 56", de 8.8.2016 até 22.12.2017.
44. Os outros 16 (dezesseis) processos que não foram analisados, referem-se a ***Habeas Corpus***, sem análise de mérito, tendo em vista o ***writ*** ter sido utilizado como sucedâneo recursal.

Da análise dos 18 (dezoito) casos com análise de mérito, observou-se a aplicação da Súmula em algum ponto em 17 (dezessete) ocasiões. Dessas, em 5[45] (cinco) ocorreu a transferência do apenado para estabelecimento de regime semiaberto ou similar[46], em 12[47] (doze) houve a concessão de saída antecipada e em 1[48] (um) caso foi negado o pedido, em razão de o apenado ter violado o monitoramento eletrônico 230 vezes.[49]

A Tabela 6 sistematiza o conteúdo das 18 (dezoito) decisões do TJCE analisadas nesta subseção:

Tabela 6- Relação: aplicabilidade ou não da Súmula Vinculante nº 56

5 casos em que a Súmula foi aplicada para a transferência do apenado para estabelecimento de regime semiaberto ou similar
12 casos em que a Súmula foi aplicada para a concessão de saída antecipada
1 caso em que a Súmula não foi aplicada

A partir da constatação quantitativa de que a saída antecipada foi determinada na maioria dos casos, a seção seguinte apresenta reflexão crítica sobre as discussões jurídicas mais re-

45. Processos números: 1) 0625922-93.2016.8.06.0000, 2) 0021513-86.2017.8.06.0001, 3) 0045652-73.2015.8.06.0001, 4) 0000054-31.2017.8.06.0000, 5) 0001738-25.2016.8.06.0000.

46. A possibilidade de transferência para outro estabelecimento no TJCE será detalhadamente discutida no item 3.4.2.

47. Processos números: 1) 0467967-06.2010.8.06.0001, 2) 0626907-28.2017.8.06.0000, 3) 0000188-58.2017.8.06.0000, 4) 0001501-88.2016.8.06.0000, 5) 0000219-78.2017.8.06.0000, 6) 0001500-06.2016.8.06.0000, 7) 0000222-33.2017.8.06.0000, 8) 0001499-21.2016.8.06.0000, 9) 0000329-77.2017.8.06.0000, 10) 0001486-22.2016.8.06.0000, 11) 0017683-81.2016.8.06.0055, 12) 00001234-19.2016.8.06.0000.

48. Processo número 0000354-90.2017.8.06.0000.

49. Complementa-se que, dos 17 (dezessete) processos em que foi aplicada Súmula, em 9 (nove) oportunidades o juiz aplicou a Súmula e o Tribunal manteve a decisão e em 8 (oito) o juiz não concedeu a saída antecipada, mas o Tribunal reformou a decisão, concedendo-a.

levantes que se realizaram no âmbito dos 18 (dezoito) acórdãos analisados do TJCE.

3.4.2. A formulação da jurisprudência de base e as principais discussões ocorridas no âmbito do TJCE

Da totalidade dos processos analisados do TJCE, as discussões mais relevantes deram-se em torno da (i) *ausência do sistema de "fila dos sentenciados"*, que está sendo implementado pelo CNJ e da (ii) *possibilidade de transferência dos apenados do regime semiaberto para unidade prisional destinada aos presos provisórios.*

Em relação à *ausência do sistema de "fila de sentenciados"* do CNJ, analisa-se 1 (um) processo no qual, a despeito da inexistência do referido sistema, o juiz concedeu a prisão domiciliar, com monitoramento eletrônico, e o Tribunal manteve a decisão[50]. Nesse caso, o juiz da execução penal entendeu que a unidade em que estava presa a ré não possuía ala destinada ao cumprimento do regime semiaberto. Concedeu, analisando os requisitos objetivos e subjetivos, a saída antecipada, com monitoramento eletrônico. Em sede de acórdão, concordando com os termos da sentença, o desembargador[51] afirmou que a ausência de sistema de "fila de sentenciados" não pode ser empecilho para a concessão de prisão domiciliar. Esclareceu, ainda, que o argumento de existirem outros presos em situação, em tese, mais favorável, não pode ser utilizado

50. No Agravo nº 0000219-78.2017.8.06.0000, o agravante é o Ministério Público do Ceará e a agravada é Isabelle Gomes da Silva. O acórdão, da relatoria de Antônio Pádua Silva, foi publicado em 27.6.2017. O crime cometido foi o previsto no artigo 33, da Lei 11.343/06, tráfico de drogas. A ré estava presa na unidade intitulada IPFDAMC- Instituto Penal Feminino desembargadora Auri Moura Costa, no Município de Aquiraz, na Região Metropolitana de Fortaleza (RMF).

51. Dos três processos que analisou, o desembargador concedeu a saída antecipada em todos eles. Autos números: 1) 0626907-28.2017.8.06.0000, 2) 0000219-78.2017.8.06.0000 e 3) 0000329-77.2017.8.06.0000.

para negar direito à ré, pois, caso isso ocorresse, estar-se-ia imputando a ela ônus de suportar os problemas do Estado[52].

Nesse ponto, é importante rememorar que o funcionamento do sistema para cadastramento nacional[53] dos presos foi uma das sugestões esboçadas no Recurso Extraordinário nº 641.320, conforme visto no segundo capítulo desta obra. Naquela ocasião reconheceu-se a essencialidade do sistema informatizado, sob o fundamento de a gestão dos processos por autos em papel inviabiliza o deferimento, em tempo hábil, dos direitos dos apenados, bem como impossibilita a verificação de quais os sentenciados que estão mais próximos de lograr saída dos presídios.

Naquela ocasião, apresentados os benefícios da criação do sistema[54], o relator do recurso paradigma propôs que o Conselho

---

52. Fundamentos do acórdão: *"Observa-se, assim, que a agravada foi submetida a Exame Criminológico (fls.72/74), onde não se constatou transtorno psiquiátrico ativo ou periculosidade, sendo favorável à reinserção social, com acompanhamento social. Nos termos do Relatório Psicológico de fls. 75/76, mostrou-se disposta a voltar para o mercado de trabalho. Analisando, ainda, a Certidão Carcerária de fl. 77, constatou-se ser possuidora de bom comportamento durante o cárcere e pelo Relatório Social de fl. 78, observou-se, além da consciência da ré pelo ilícito, seu interesse de terminar os estudos e voltar para o mercado de trabalho, bem como responsabilizar-se pelos cuidados das filhas. Por fim, à fl. 114, verifica-se a participação em curso profissionalizante de costureira no SENAI. Satisfeitos os critérios subjetivos, apura-se pela ficha da ré, fls. 58 e 59, que a mesma adquiriu, pelo requisito temporal, o benefício da progressão de regime de semiaberto para aberto em 16 de janeiro deste ano..."*

53. Sistema do Banco Nacional de Monitoramento das Prisões (BNMP 2.0) A Lei que dispõe acerca do sistema de acompanhamento e execução das penas é a de nº 12.714/2012. O seu artigo 1º versa que os dados e as informações da execução da pena, da prisão cautelar e da medida de segurança deverão ser mantidos e atualizados em sistema informatizado de acompanhamento da execução da pena. E o seu artigo 6º prevê que tais sistemas deveriam ter sido instalados até setembro de 2013, final da *vacatio legis*, o que demonstra que a administração está em mora.

54. O relator do Recurso Extraordinário nº 641.320 demonstra os seguintes benefícios com a criação do cadastro nacional de presos: *"Com um sistema informatizado, seria possível que os benefícios dos presos fossem decididos no seu devido tempo. Teríamos aí um grande avanço. As vagas no sistema prisional são um recurso escasso. Extinção de pena, progressão de regime, livramento condicional, são*

Nacional de Justiça apresentasse, em 180 (cento e oitenta) dias, contados desfecho do julgamento do Recurso Extraordinário, o projeto de estruturação do cadastro, informando etapas e prazos de implementação, bem como a forma de viabilizar a medida de saída antecipada de sentenciado. Afere-se, em informações do sítio eletrônico do CNJ, de janeiro de 2018, que o Banco Nacional de Monitoramento das Prisões (BNMP 2.0) já foi criado[55] e está em

---

judicialmente concedidos e abrem vagas no sistema. Além disso, seria possível liberar a força de trabalho das varas de execuções para decidir outros incidentes relevantes. Não bastasse isso, com a utilização da tecnologia da informação na execução penal, teríamos estatísticas confiáveis, em tempo real, da situação prisional do país. Hoje, os esforços do Ministério da Justiça em tabular os dados demandam energia desproporcional e produzem estatísticas incompletas e defasadas. Em junho de 2015, foi concluído e divulgado o Levantamento Nacional de Informações Penitenciárias relativo a junho de 2014, um ano de defasagem. Esse relatório é feito com base em questionários submetidos pelo Ministério às secretarias de segurança pública dos estados. O sucesso da compilação depende da boa vontade das unidades da Federação em fornecer seus dados. No último relatório, São Paulo simplesmente se omitiu. Ou seja, não há dados sobre a maior massa carcerária da país. Outro benefício seria a possibilidade de verificação da situação do sistema em tempo real e de otimização do manejo de vagas. Isso foi feito no Estado do Paraná, pela secretária de justiça, cidadania e direitos humanos, Maria Tereza Uille Gomes, que criou centrais de vagas e monitoramento em tempo real dos presos, usando ferramentas de administração – business intelligence. A prática participou da edição de 2014 do Prêmio Innovare e melhorou substancialmente a administração penitenciária do Estado do Paraná. Também, o projeto de reforma da Lei de Execução Penal (PLS 513/2013, autor senador Renan Calheiros, relator senador Eunício Oliveira, atualmente na Comissão de Constituição e Justiça do Senado) prevê a utilização de tecnologia da informação para que os benefícios aos sentenciados sejam automatizados e o despacho somente seja necessário para negá-las. O número de prisões e progressões de regime pode ser previsto apenas até certo ponto. Situações excepcionais criam demandas imprevisíveis. Já mencionei, nesta decisão, a declaração de inconstitucionalidade do regime integralmente fechado para crimes hediondos, que, de um dia para outro, criou a necessidade de milhares de vagas no regime semiaberto". (p. 37-38).

55. O sítio eletrônico do CNJ demonstra os benefícios para a sociedade e para o judiciário com a implementação do sistema: *"O que a sociedade ganha com o novo BNMP? SEGURANÇA PÚBLICA, com a integração de informações sobre presos em nível nacional. PROTEÇÃO de vítimas, que poderão ser informadas sobre a prisão e soltura do acusado. SEGURANÇA DA INFORMAÇÃO, será gerado um número único nacional de peças, as quais poderão ter sua autenticidade confe-*

funcionamento nos seguintes estados: Goiânia, Santa Catarina, Roraima, São Paulo e Paraná. E, em notícia atualizada do CNJ (de 4.9.2018), extrai-se que o sistema de cadastro de presos (BNMP 2.0) foi regulamentado e está sendo finalizado em todo o Brasil.[56]

São, portanto, diversos os benefícios que a informatização dos dados a respeito dos indivíduos presos oferece. E, nesse particular, o julgado do TJCE, ora analisado, propõe que, a despeito de existirem apenados em situação mais favorável do que a ré, isto não pode ser utilizado para negar-lhe direito. Esta decisão firma entendimento de que a fila de sentenciados não deve significar que as pessoas que não estão em primeiro lugar não têm direito à saída antecipada, caso estejam em estabelecimento penal inadequado por conta de *déficit* de vagas.

Nesse ponto, pode-se afirmar que esse posicionamento se alinha à ideia de que o direito ao cumprimento de pena em estabelecimento penal adequado, de todos os presos, é decorrente da aplicação do princípio da igualdade na execução penal. É o que sustenta Moraes de Barros:

> O princípio da igualdade consagra a igualdade no que se refere aos direitos fundamentais e o respeito pelas diferenças e a compensação das desigualdades – os homens devem ser considerados como iguais apesar de suas diferenças e devem

---

rida on-line por meio de um QR Code. TRANSPARÊNCIA, com consulta pública de pessoas e documentos processuais, além da produção de estatísticas relevantes. E o Poder Judiciário? EFICIÊNCIA na jurisdição criminal e na execução de penas. CONTROLE da informação com independência dos dados do Poder Executivo. RACIONALIDADE, já que não será necessária a emissão de diversos relatórios sobre presos. AGILIDADE, por meio da padronização de rotinas e emissão de alertas. PLANEJAMENTO, com a criação do Cadastro Nacional de Presos, permitindo a produção de dados relevantes para a definição da política criminal".

56. Conferir reportagem: CNJ regulamenta Cadastro Nacional de Presos e a política de apoio e acolhimento das vítimas. Publicada em 4 de setembro de 2018. Disponível em http://www.cnj.jus.br/noticias/cnj/87564-cnj-regulamenta-cadastro-nacional--de-presos-e-a-politica-de-apoio-e-acolhimento-das-vitimas

> ser feitos tão iguais quando seja possível quando as desigualdades implicarem em prejuízo. Na execução penal, o princípio da igualdade assegura o direito de ser diferente dos demais, de não se submeter a tratamentos tendentes à modificação de personalidade; determina, também, a proibição de tratamentos discriminatórios, sejam de ordem social, econômica, religiosa, racial ou político-ideológica. (BARROS, 2001)

Outro debate relevante no âmbito do TJCE deu-se em caso que discutiu a *possibilidade de transferência dos apenados do regime semiaberto para unidade prisional destinada aos presos provisórios*[57]. No caso em análise, o juiz da execução, verificando a progressão do regime fechado para o semiaberto, determinou o encaminhamento do apenado para a unidade intitulada Instituto Penal Professor Olavo Oliveira (IPPO II), originalmente construído para abrigar apenas detentos indiciados[58]. Sendo assim, não houve a concessão de saída antecipada, mas ocorreu a transferência de estabelecimento.

Inicialmente, pode-se questionar: se os apenados condenados ao regime semiaberto, no Município de Itaitinga, estão lotados na unidade que foi construída para os presos provisórios, onde estão custodiados os presos indiciados? Conforme abordado no primeiro capítulo deste trabalho, a violação do princípio da legalidade dos presos no Brasil é tema de bastante discussão no mundo jurídico, conforme analisado no capítulo 1. Outrossim,

57. No Agravo nº 0021513-86.2017.8.06.0001, o agravante é Marcelo Rodrigues da Silva e o agravado é o Ministério Público do Estado do Ceará. O acórdão, de relatoria de Raimundo Nonato Silva Santos foi publicado em 24.10.17. Os crimes cometidos pelo agravante são os expostos no artigo 157, I e II, do § 2º, e artigo 14, do CPP.

58. De acordo com informações da Secretaria de Justiça e Cidadania do Ceará (SEJUS/CE), o presídio (localizado no município de Itaitinga), que foi construído para abrigar apenas detentos indiciados, foi transformado temporariamente em unidade para semiaberto. Informação disponível no sítio eletrônico do Governo do Ceará. Disponível em http://www.sejus.ce.gov.br/coesp/unidades-prisionais/ Acesso em 10 de maio de 2018.

verificou-se no início deste capítulo que o estado do Ceará é o que mais comporta presos provisórios no país, o que identifica desrespeito ao referido princípio[59].

Nessa perspectiva, é salutar abrir um breve parêntese sobre os problemas decorrentes da utilização excessiva da prisão provisória. Sobre a crise de jurisdição ao cárcere preventivo, Ferrajoli pondera que essa hipótese se corrompe em uma orientação diretamente punitiva. Conforme o autor:

> É verdade que o encarceramento preventivo é o momento do processo ordinário e é ordenado por um juiz. Todavia, por causa dos seus pressupostos, da sua modalidade e da sua dimensão assumida, tornou-se o sinal mais vistoso da crise da jurisdição, da tendência a tornar mais administrativo o processo penal e, sobretudo, da sua degeneração no sentido diretamente punitivo. (FERRAJOLI, 2002, p. 619)

Diante disso, autor defende um processo sem prisão preventiva e, consequentemente, a supressão dessa modalidade de prisão:

> Depois do interrogatório duas são as possibilidades: ou se conclui que existem provas adequadas de culpabilidade, e então não há razão para procrastinar o julgamento e para não conduzir o imputado à presença dos juízes para proceder ao debate nas formas simplificadas previstas hoje para os julgamentos abreviado ou imediato; ou não há essas provas e então o imputado tem o direito de não ser sequestrado no decorrer do processo e de defender de modo mais livre sua presunção de inocência. (FERRAJOLI, 2002, p. 449)

59. No Brasil cerca de 40% de presos são provisórios, sendo o Estado do Ceará o que mais comporta pessoas vivendo nos presídios, sem condenação. Segundo relatório do DEPEN de 2016, publicado em 2017, no Ceará são 66% presos provisórios. Disponível em http://depen.gov.br/DEPEN/noticias-1/noticias/infopen-levantamento-nacional-de-informacoes-penitenciarias-2016/relatorio_2016_22111.pdf , p. 15. Acesso em: 10 de setembro de 2018.

Concluído esse breve aparte teórico sobre a prisão preventiva, deve-se destacar que, nas razões da defesa, alegou-se que o agravante, mesmo preenchendo os requisitos para a progressão, permanece em regime fechado no presídio. O relator[60], para negar a concessão de saída antecipada, afirmou que o agravante não trouxe, nos autos, qualquer documento que comprovasse o cumprimento em regime mais gravoso do que o imposto. Importante ressaltar, contudo, que em outros processos do TJCE os Juízes da execução demonstraram que o referido presídio, além de superlotado, descumpre os requisitos legais do regime semiaberto[61].

Uma crítica possível a essa solução adotada de manutenção do condenado em regime semiaberto em estabelecimento destinado aos presos provisórios é a de que haveria uma violação ao princípio da legalidade e da individualização da pena, nos termos debatidos no capítulo 1 deste livro. Nessa lógica, cabe citar entendimento de Sidney Agostinho Beneti que afirma que o Estado, como guardião do Direito, deve executar a pena na medida em que foi imposta e não pode ser o infrator destes princípios:

60. Dos cinco processos que analisou, o Relator negou a concessão de saída antecipada em todos eles.

61. Tem-se como exemplo o Agravo em Execução Penal nº 0000188-58.2017.8.06.0000, no qual cita-se o seguinte trecho: *"Fortaleza deferiu pedido de saída antecipada em prisão domiciliar (fls. 20-22), considerando, em suma, a ausência de vaga em estabelecimento prisional compatível com o regime semiaberto, salientado o magistrado singular que as unidades prisionais "UPAPLAL, UPDFAOBL, CPPL-II, E CPPL-IV estão interditadas, restando poucas em regular funcionamento, dentre elas o IPPOO-ÍI, unidade carcerária destinada provisoriamente ao cumprimento do regime semiaberto." Ressaltou, ainda, o Juízo de primeiro grau que "o IPPOO-II ainda é a única unidade carcerária para esse fim, contudo a referida unidade que é projetada para comportar 492 presos, hoje está com 1.100 apenados", encontrando-se com população carcerária excessivamente superior à capacidade de lotação, e que neste momento "com a lotação atual resta infrutífero o cumprimento ideal de pena em regime semiaberto", salientando Sua Excelência a possibilidade de conflitos diante da insegurança gerada pela superlotação carcerária."* Acórdão de 20 de setembro de 2017.

> O Estado, ente jurídico, não pode agir fora da legalidade, pena de incidir em 'contradictio in terminis' que o desnaturaria em mero Estado de força, despojado das características de Estado de Direito. 'A derradeira garantia inerente ao devido processo penal, objeto deste estudo, é a da legalidade da execução penal. Faz-se ela, com efeito, e como antes também acenado, indispensável e inarredável complemento de todas as outras, reintegráveis no processo de execução da sentença penal condenatória'. Se já não se pode fugir da legalidade no âmbito cível, em que há direitos disponíveis, com muito mais razão não se pode no âmbito da execução penal, que lida com a suspensão temporária de direitos de que o condenado não poderia renunciar em favor do Estado ou da vítima. Ainda: o Estado, guardião do Direito, não pode, por exigência lógico-jurídica, ser autor de infrações ao direito de ninguém, pena de caracterizar-se o arbítrio. Daí a consequência de o título executivo penal ter de executar-se na exata medida da restrição ao direito do condenado estabelecida pela sentença, a qual, por sua vez, não pode impor ao condenado pena mais grave do que a prescrita para a infração penal – ainda que a possa aplicar menos grave, como ocorre no caso de condenação após anulação de anterior sentença. A execução jamais poderá realizar-se além da literalidade do título executório penal, pena de configurar-se excesso de execução. (BENETI, 1996, p. 57-58)

Não obstante a isso, uma ponderação que pode ser construída é a de que a transferência dos apenados para regimes incompatíveis com os requisitos da LEP não está alinhada com os parâmetros propostos na Súmula Vinculante nº 56. No caso concreto, a despeito de ter ocorrido a transferência dos apenados para outro estabelecimento, extrai-se do depoimento da Defensora Pública do Estado uma controvérsia quanto à adequação do estabelecimento de destino. Segundo relato da Defensoria Pública, o espaço é uma unidade de presos provisórios transformada apenas normativamente – por meio de Portaria – em um estabelecimento para apenados de regime semiaberto.[62] Se essa ressalva for adotada, a taxa de aplicação da Súmula reduz-se para 67% (sessenta e sete por cento) do total dos casos analisados no TJCE.[63]

De resto, sobre o juiz e a aplicação da lei, pode-se vincular o entendimento de Beccaria às decisões dos Juízes que mantêm o apenado submetido a regime inadequado, a despeito do que prescrevem a Constituição Federal, o Código Penal e a Lei de Execução Penal e das possibilidades de concessão de saída antecipada fixadas pelo STF no RE nº 641.320:

> Ora, o magistrado, que também faz parte da sociedade, não pode com justiça infligir a outro membro dessa sociedade uma pena que não seja estatuída pela lei; e, do momento em que o juiz é mais severo do que a lei, ele é injusto, pois acrescenta um castigo novo ao que já está determinado.
>
> [...]
>
> O juiz deve fazer um *silogismo* perfeito. A *maior* deve ser a lei geral; a *menor*, a ação conforme ou não à lei; a consequência,

---

62. Depoimento da Defensora Pública do Estado do Ceará, Aline Lima de Paula Miranda, prestado na audiência pública prestada durante o julgamento do Recurso Extraordinário nº 641.320: "Transformaram uma unidade construída para presos provisórios (que é o IPPO II), a pretexto de dar uma certa legalidade ao cumprimento de suas penas semiaberto, transformaram no papel essa unidade em uma colônia. Ela foi construída arquitetonicamente e prevista para uma unidade de regime de presos provisórios e, no entanto, por uma portaria, foi transmudada em uma colônia. Contudo, não disponibiliza trabalho e os presos permanecem sim no regime fechado. E haveria o pretexto de dizer que é uma situação paliativa para minimizar os danos da existência da colônia até que o Estado construa a colônia, porque lá vai ter só presos do regime semiaberto. Mas com a superprodução que nós vemos no sistema carcerário e é em todos os Estados, é claro que lá não se permanece exclusivamente presos de semiaberto. E temos dados de 120 presos do regime fechado também nessa unidade prisional". O depoimento completo no anexo 1 desta obra.
63. Se a opção for pela retirada das 5 (cinco) decisões em que ocorreu a transferência do apenado para estabelecimento de regime semiaberto ou similar, 28% (vinte e oito por cento), somando-se a decisão em que foi negada a aplicação da Súmula, 5% (cinco por cento), resta a aplicação da Súmula em 67% (sessenta e sete) por cento

> a liberdade ou a pena. Se o juiz for constrangido a fazer um raciocínio a mais, ou se o fizer por conta própria, tudo se torna incerto e obscuro (BECCARIA, 1764, p. 20-26).

Em conclusão à análise quantitativa da aplicação da Súmula Vinculante nº 56 no Tribunal de Justiça do Estado do Ceará, pode-se concluir que pelo menos um dos pressupostos da Súmula foi aplicado em quase todos os processos[64], ou seja, em 95% (noventa e cinto por cento). Destes 17 (dezessete) processos em que foi aplicada Súmula, em 5 (cinco) ocorreu a transferência do apenado para estabelecimento de regime semiaberto ou similar, isto é, em 28% (vinte e oito por cento) e em 12 (doze) houve a concessão de saída antecipada, ou seja, de prisão domiciliar, 67% (sessenta e sete por cento). Já em 1 (uma) decisão foi negada a aplicação da Súmula, 5% (cinco por cento). Estes dados podem ser averiguados nos gráficos, a seguir:

Gráfico 3: aplicabilidade ou não da Súmula Vinculante nº 56 no TJCE

64. Verificar ressalva sobre a controvérsia quanto à adequação do estabelecimento de destino, discutida ao longo do item 3.4.2.

Por fim, informa-se que o posicionamento agregado dos magistrados do TJCE quanto a aplicação ou não da Súmula Vinculante nº 56 e/ou a concessão ou não da saída antecipada consta no anexo 2 desta obra.

3.5. ESTUDO DE CASOS: O TRIBUNAL DE JUSTIÇA DO ESTADO DE SÃO PAULO (TJSP)

3.5.1. Justificativa da escolha do Tribunal e contextualização da situação prisional do Estado de São Paulo

Na região Sudeste, o Estado escolhido para figurar no presente estudo foi o Estado de São Paulo, tanto por ser o Estado com a maior densidade demográfica do Brasil, quanto por ser aquele com a maior quantidade de pessoas presas. De acordo com dados do DEPEN, são cerca de 240.061 (duzentos e quarenta mil e sessenta e um) presos no Estado de São Paulo, o que representa 33% (trinta e três por cento) de toda a população carcerária do País[65].

Relativamente à realidade dos presídios no Estado de São Paulo[66], cabe destacar que, de acordo com dados do CNJ, atualmente existem 232.334 (duzentos e trinta e dois mil, trezentos e trinta e quatro) presos[67] e apenas 144.646 (cento e quarenta e quatro mil, seiscentos e quarenta e seis) vagas no sistema penitenciário. Ou seja, há *déficit* de 87.688 (oitenta e sete mil, seiscentos e oitenta e oito) vagas em São Paulo.

65. Dados do Departamento Penitentiário-DEPEN, publicado em 2017. Disponível em http://www.justica.gov.br/news/ha-726-712-pessoas-presas-no-brasil/relatorio_2016_junho.pdf . Acesso em: 15 de julho de 2018.

66. Dados do Conselho Nacional de Justiça- CNJ. Disponível em http://www.cnj.jus.br/inspecao_penal/gera_relatorio.php?tipo_escolha=comarca&opcao_escolhida=33&tipoVisao=presos. Acesso em: 15 de julho de 2018.

67. Confrontando a quantidade de número de presos aprestada pelo DEPEN (240.061) e a quantidade apresentada pelo CNJ (230.308), verifica-se uma diferença de quase 10.000 presos. Notas 127 e 128.

Ademais, das informações do CNJ extrai-se que, do total de detentos, 128.641 (cento e vinte e oito mil, seiscentos e quarenta e um) são condenados ao regime fechado, 39.835 (trinta e nove mil, oitocentos e trinta e cinco) ao semiaberto, 6 (seis) ao regime aberto, 60.370 (sessenta mil, trezentos e setenta) são presos provisórios e 46.260 (quarenta e seis mil, duzentos e sessenta) estão submetidos à prisão domiciliar, sendo 3.890 (três mil oitocentos e noventa) com monitoramento eletrônico.

Introduzido o contexto do sistema penitenciário paulista, sucede-se ao exame da jurisprudência construída pelo Tribunal de Justiça do Estado de São Paulo a partir dos parâmetros estabelecidos pela Súmula Vinculante nº 56.

Aplicando-se os filtros apresentados[68], a pesquisa localizou 95 (noventa e cinco) processos da classe *Habeas Corpus*, os quais foram integralmente analisados tanto em relação à decisão de mérito quanto aos fundamentos teóricos e fáticos mobilizados pelos magistrados nas respectivas decisões. O estudo nesta subsecção, então, foi realizado levando em conta os 95 (noventa e cinco) *writs*.

Da análise das decisões, constata-se que o TJSP determinou: (i) a concessão da ordem de *Habeas Corpus* para *'adotar os termos da súmula'* em 55 (cinquenta e cinco) processos; (ii) a transferência do apenado para estabelecimento de regime semiaberto em 06 (seis) ocasiões[69]; (iii) a saída antecipada de forma imediata

68. A pesquisa do site do tribunal foi realizada com os termos "súmula vinculante nº 56" e "a falta de estabelecimento penal adequado". Foi realizado o filtro maior do que os tribunais analisados anteriormente, tendo em vista que a pesquisa apenas com o termo "súmula vinculante nº 56" resultou em muitos processos com a Súmula sendo analisada em caráter apenas subsidiário.

69. *Habeas Corpus* números: 1) 2117385-42.2017.8.26.0000, 2) 0018720-25.2017.8.26.0000, 3) 2100285-74.2017.8.26.0000, 4) 0012764-28.2017.8.26.0000, 5) 0018333-10.2017.8.26.0000, 6) 2082563-27.2017.8.26.0000, 7) 2069740-21.2017.8.26.0000, 8) 2071383-14.2017.8.26.0000, 9) 2053757-79.2017.8.26.0000, 10) 2038022-06.2017.8.26.0000, 11) 2027528-82.2017.8.26.0000, 12) 2045361-16.2017.8.26.0000, 13) 2003902-34.2017.8.26.0000, 14) 2000376-59.2017.8.26.0000,

em 27 (vinte e sete) processos[70] e; (iv) a não concessão de saída antecipada nem a aplicação de outros parâmetros definidos pela Súmula Vinculante nº 56 em 07 (sete) oportunidades.[71]

Dos 55 (cinquenta e cinco) casos em que o TJSP deliberou pela adoção dos termos da Súmula, identificou-se duas soluções subsidiárias sob a determinação de *adotar os termos da Súmula.* A primeira foi no sentido de transferir o apenado para regime

15) 2255826-37.2016.8.26.0000, 16) 2000697-94.2017.8.26.0000, 17) 0043363-81.2016.8.26.0000, 18) 2237300-22.2016.8.26.0000, 19) 0060867-03.2016.8.26.0000, 20) 2206534-83.2016.8.26.0000, 21) 2239048-89.2016.8.26.0000, 22) 0047859-56.2016.8.26.0000, 23) 0040060-59.2016.8.26.0000, 24) 2186600-42.2016.8.26.0000, 25) 0023676-21.2016.8.26.0000, 26) 0037117-69.2016.8.26.0000, 27) 2206494-04.2016.8.26.0000, 28) 2201102-83.2016.8.26.0000, 29) 2159391-98.2016.8.26.0000, 30) 2182312-51.2016.8.26.0000, 31) 2152982-09.2016.8.26.0000, 32) 0037163-58.2016.8.26.0000, 33) 028523-66.2016.8.26.0000, 34) 2143916-05.2016.8.26.0000, 35) 0038546-71.2016.8.26.0000, 36) 2085481-38.2016.8.26.0000, 37) 2135005-04.2016.8.26.0000, 38) 2157445-91.2016.8.26.0000, 39) 2163721-41.2016.8.26.0000, 40) 2147035-71.2016.8.26.0000, 41) 0041277-40.2016.8.26.0000, 42) 0034557-57.2016.8.26.0000, 43) 0035738-93.2016.8.26.0000, 44) 2153703-58.2016.8.26.0000, 45) 2137780-89.2016.8.26.0000, 46) 0033883-79.2016.8.26.0000, 47) 0036219-56.2016.8.26.0000, 48) 2150295-59.2016.8.26.0000, 49) 0033560-74.2016.8.26.0000, 50) 0021819-37.2016.8.26.0000, 51) 2128532-02.2016.8.26.0000, 52) 2124483-15.2016.8.26.0000, 53) 2133448-79.2016.8.26.0000, 54) 2146590-53.2016.8.26.0000, 55) 0032931-03.2016.8.26.0000, 56) 0026616-56.2016.8.26.0000, 57) 2144100-58.2016.8.26.0000, 58) 2123275-93.2016.8.26.0000, 59) 0025495-90.2016.8.26.0000, 60) 0026611-34.2016.8.26.0000, 61) 0028527-06.2016.8.26.0000.

70. *Habeas Corpus* números 1) 2132460-24.2017.8.26.0000, 2) 0058247-18.2016.8.26.0000, 3) 2094321-03.2017.8.26.0000, 4) 2091561-81.2017.8.26.0000, 5) 0004699-44.2017.8.26.0000, 6) 0057654-86.2016.8.26.0000, 7) 2201167-78.2016.8.26.0000, 8) 2178661-11.2016.8.26.0000, 9) 0037122-91.2016.8.26.0000, 10) 0035428-87.2016.8.26.0000, 11) 0034478-78.2016.8.26.0000, 12) 2149185-25.2016.8.26.0000, 13) 0037123-76.2016.8.26.0000, 14) 2115528-92.2016.8.26.0000, 15) 02124517-87.2016.8.26.0000, 16) 2139607-38.2016.8.26.0000, 17) 2154767-06.2016.8.26.0000, 18) 2147061-69.2016.8.26.0000, 19) 2150685-29.2016.8.26.0000, 20) 0035766-61.2016.8.26.0000, 21) 0034573-11.2016.8.26.0000, 22) 2146367-03.2016.8.26.0000, 23) 2141334-32.2016.8.26.0000, 24) 2114210-74.2016.8.26.0000, 25) 2139559-79.2016.8.26.0000, 26) 2110043-14.2016.8.26.0000, 27) 2133410-67.2016.8.26.0000.

71. *Habeas Corpus* números: 1)2098152-59.2017.8.26.0000, 2) 2205534-48.2016.8.26.0000, 3) 2150423-79.2016.8.26.0000, 4) 0032904-20.2016.8.26.0000, 5) 2141811-55.2016.8.26.0000, 6) 2138627-91.2016.8.26.0000, 7) 2128262-75.2016.8.26.0000.

adequado (semiaberto). E, subsidiariamente, em caso de não haver vagas no regime intermediário, conceder a saída antecipada, ou seja, a prisão domiciliar. Trata-se, portanto, de decisão alinhada aos preceitos gerais da Súmula de não manter apenado em regime mais gravoso, com preferência dada à transferência para regime adequado e, na impossibilidade dessa alternativa, pela concessão da saída antecipada.

Nos 7 (sete) processos em que não foi aplicada a Súmula Vinculante nº 56 em ponto algum, as decisões foram proferidas lastreadas pelos seguintes fundamentos: em 5 (cinco), entendeu-se que o ato de transferência do apenado é privativo do juiz da execução; em 1 (um) por estar o preso foragido; e em 1 (um) afirmou-se que a Súmula não poderia ser aplicada em razão de o apenado ter progredido há apenas 1 mês.

A Tabela 7 sistematiza o conteúdo das 95 (trinta e nove) decisões do TJSP analisadas nesta subseção:

Tabela 7- Relação: aplicabilidade ou não da Súmula Vinculante nº 56

55 casos para 'adotar os termos da Súmula'
6 casos para transferir para regime semiaberto 27 casos para conceder a saída antecipada
7 casos em que não houve a concessão de saída antecipada e a Súmula não foi aplicada em nenhum ponto:

3.5.2. A formulação da jurisprudência de base e as principais discussões jurídicas ocorridas no âmbito do TJSP

Conforme ressaltado, diferentemente dos outros Estados já analisados, nos quais grande parte dos processos alusivos à Súmula Vinculante nº 56 são recursos – sobretudo agravos em execução penal –, no TJSP todos os processos localizados na pesquisa de jurisprudência foram na modalidade de *Habeas Corpus*.

Do conjunto de todos os processos apreciados do TJSP, as controvérsias centrais, bem como os debates mais relevantes a respeito do Tema do Recurso Extraordinário nº 641.320, com concessão ou não de saída antecipada, ocorreram em relação (i) *ao fluxo do processo e a demora na apreciação do pedido* e; (ii) *a (im) possibilidade de ressocialização dos apenados na saída antecipada do estabelecimento prisional.*

Sobre *o fluxo do processo e a demora na apreciação do pedido de progressão de regime*[72], constatou-se discussão sobre os impactos da mora do Judiciário em deferir progressão para o regime semiaberto, com a consequente transferência de estabelecimento, mesmo tendo o apenado cumprido os requisitos objetivo e subjetivo[73], o que resultava na manutenção do condenado em regime mais gravoso, justificando, assim, a impetração de *Habeas Corpus* com base no entendimento estabelecido pela Súmula Vinculante nº 56. Esse caso evidencia, em síntese, que a continuidade de preso em regime mais gravoso não decorre única e exclusivamente da falta de vagas no sistema carcerário, havendo também situações em que a morosidade do Poder Judiciário contribui para violar o direito ao cumprimento de pena em regime digno e adequado.

No caso analisado, a ordem foi parcialmente concedia para determinar ao Juízo da Execução que verificasse se o paciente foi, de fato, transferido para estabelecimento compatível com o regime semiaberto e, caso não tivesse sido, que observasse o disposto na Súmula Vinculante nº 56. No processo referente ao pedido de

---

72. No ***Habeas Corpus*** nº 00236-21.2016.8.26.0000, o paciente-impetrante é Moisés Teixeira da Silva e o impetrado é o Juízo da Vara de Execuções Criminais da Comarca de São Paulo. O acórdão, de relatoria do desembargador de Paula Santos, foi publicado em 17.11.2016. O crime cometido pelo condenado foi o definido no artigo 157 (roubo) do Código Penal.

73. A análise sobre o direito à progressão de regimes de cumprimento de pena foi realizada ao longo do capítulo 1.

progressão[74], o paciente foi condenado a pena de 8 (oito) anos de reclusão pelo cometimento do crime de roubo, a ser aplicada inicialmente no regime fechado. Consta dos autos que foi preso em flagrante em 18 de junho de 2014 e sentenciado em 30 de abril de 2015. Em razão da primariedade e o cumprimento de 1/6 (um sexto) no total da pena, deveria ter progredido de regime em 19 de outubro de 2015. Ou seja, na data da impetração do *mandamus*, em 9 de maio de 2016, o Judiciário já estava em mora para conceder a progressão ao regime semiaberto há quase 7 (sete) meses.

A respeito da duração razoável do processo, a Convenção Americana de Direitos Humanos, ratificada pelo Brasil, estabelece que *toda pessoa terá o direito de ser ouvida, com as devidas garantias e dentro de um prazo razoável, por um juiz ou Tribunal competente, independente e imparcial, estabelecido anteriormente por lei, na apuração de qualquer acusação penal formulada contra ela75.*

Além disso, após a Emenda Constitucional nº 45, o direito a razoável duração do processo passou a estar expresso na Constituição Federal como direito fundamental, nos seguintes termos: *a todos, no âmbito judicial e administrativo, são assegurados a razoável duração do processo e os meios que garantam a celeridade de sua tramitação*[76]. Conforme tratado no referencial teórico deste livro, o princípio do direito à razoável duração do processo está diretamente vinculado ao princípio da dignidade humana dos presos.

Em relação à demora aceitável do processo, já prescrevia Beccaria, em 1764, que o prazo de investigação de um crime não pode ser prolongado, devendo-se reduzir o tempo dos processos e aumentar o prazo prescricional, pois, nas palavras do autor, *enquanto não está provado, quanto mais atroz, menos verossímil é ele.* (BECCARIA, 2016, p. 49).

74. Processo nº 0053691-85.2014.8.26.0050.

75. Pacto de São José da Costa Rica, artigo 8, 1.

76. Emenda Constitucional nº 45.

Por outro lado, há doutrina que justifica a morosidade dos processos em razão de diversos fatores, tais como a quantidade exorbitante de casos, o excesso de atribuições e de demandas *versus* o número insuficiente de servidores e juízes, dentre outros. Nessa lógica, Nery Jr. defende que a mora só pode ser aceita em casos de crise passageira do Poder Judiciário:

O excesso de trabalho, o número excessivo de processos, o número insuficiente de juízes ou de servidores, são justificativas plausíveis e aceitáveis para a duração exagerada do processo, desde que causas de crise passageira. Quando se tratar de crise estrutural do Poder Judiciário ou da Administração, esses motivos não justificam a duração exagerada do processo e caracterizam ofensa ao princípio estatuído na CF 5º LXXVIII. (NERY JÚNIOR, 2009, p. 316)

Notadamente sobre a mora da justiça durante a execução da pena, Salo de Carvalho alerta para o fato de que o atraso em atender aos direitos dos presos gera consequências graves para o sistema prisional[77]:

> Um dos fatores de maior inconstância na execução da pena no Brasil é a demora do Poder Judiciário em atender os pedidos dos presos, fundamentalmente àqueles destinados a alterar a qualidade (regime) da pena – v.g., progressão de regime e livramento condicional.

77. Nesse sentido, cabe observar, ainda, o depoimento de Nagashi Furukawa, que comandou a Secretaria da Administração Penitenciária de São Paulo. O atual advogado alertou para a necessidade de negar os pedidos dos presos, em casos de rebelião, no que se destaca "Era evidente o equívoco dessa forma de proceder. Quanto mais se atende pedidos, mais rebeliões iriam acontecer, pois os presos acabavam definindo com violência, ameaças e mortes, os locais onde cumpririam suas penas. Tinha que pensar, urgentemente, em outras soluções. Disponível em https://www.jota.info/especiais/rebelioes-02072015. Acesso em: 10 de julho de 2018.

> A morosidade da magistratura em responder aos incidentes executivos é tamanha que chegou a ser nominada, em diversas ocasiões, como uma das causas de inúmeros motins e rebeliões. Inegável que a falta de estrutura (pessoal e administrativa) colabora com a omissão estatal. No entanto, a incapacidade administrativa do Poder Público em nenhum caso pode justificar lesões aos direitos fundamentais.
>
> Se o Pacto de São José da Costa Rica (Decreto 678/92) garante, em seu art. 8, 2, 'c', a concessão ao acusado do tempo e dos meios adequados para a preparação de sua defesa, de igual forma prevê que toda pessoa presa ou processada tem o direito de ser julgada dentro de um prazo razoável, ou ser posta em liberdade (art. 7, 5). (CARVALHO, 2008, p. 204)

Outro questão interessante suscitada nos julgamentos do TJSP diz respeito à *(im)possibilidade de ressocialização dos apenados beneficiados com a saída antecipada do estabelecimento prisional*[78]. Sobre esse tema, tem-se caso em que o condenado ao regime fechado, progredido ao regime semiaberto, permaneceu em estabelecimento prisional em razão da falta de vagas nos estabelecimentos adequados ao regime intermediário. Diante disso, a ordem foi concedida para transferir o apenado para prisão domiciliar, com monitoramento eletrônico, onde aguardará vaga no regime semiaberto.

Ao longo do julgamento desse *writ*, discutiu-se se é possível a reintegração do apenado à sociedade quando concedida a saída antecipada. Ao abordar essa questão, o desembargador interpretou a possibilidade de saída antecipada como uma alternativa prejudicial à ressocialização do apenado:

78. No *Habeas Corpus* nº 0037123-76.2016.8.26.0000, o paciente é Wilson Rodrigues dos Santos. O acórdão, da relatoria do desembargador Luis Soares de Mello, foi publicado em 30.9.2016. O crime cometido pelo agravado foi o descrito no artigo 157, § 2º, inciso I (roubo qualificado por uso de arma de fogo), do Código Penal. Foi condenado a pena de 6 anos, 4 meses e 24 dias de reclusão, em regime inicial fechado, (apelação nº 0006247-61.2010.8.26.0417).

Afinal, se o sentenciado reúne condições para a progressão e não a logra por falta de vagas em estabelecimento prisional, que o Estado deveria prover e administrar, percebe-se *'data venia'*, um estado carente de gerência administrativa – sabe-se lá por quais razoes, ainda que o sejam financeiras – impossibilitando de empreender, teoricamente, políticas públicas de ressocialização e de segurança pública.

E onde entra, aí, o Judiciário?

Ora.

Em pleno exercício de suas funções – e verdadeiros deveres – fez o judiciário o que devia: disse o direito.

Averiguando as condições objetivas e subjetivas do sentenciado, analisou-o apto, *'in casu'* a dar um passo salutar rumo à ressocialização.

Que esbarra numa anomalia administrativa que coloca em xeque seu direito.

E é exatamente aí que se socorre da Constituição Federal, que dirigente que é, visando a promover direitos sociais, dentre os quais a incansável busca pela ressocialização do indivíduo, faz garantir seu direito por seus princípios fundamentais.

Que na verdade, colocam-no em situação nada mais que etérea.

De tal sorte que, por não ter seu direito atendido, aventa o direito de receber benesse ainda maior.

O que, por sua vez, também ofende os princípios fundamentais nos quais se edifica o Estado Democrático de Direito, uma vez que frustra e coloca em risco todo o sistema de ressocialização.

[...]

E aí se tem em xeque o direito da sociedade, que é o de ver-se constrangida a conviver com indivíduos que frustram os valores sociais, os "deveres de conduta" que se instituíram por normas e leis – nada mais que obras da coletividade, indiretamente e via poder Legislativo – em sem a devida ressocialização, podem voltar ao convívio coletivo.

[...]

Que leva à inevitável reflexão e conclusão de que a colocação do sentenciado diretamente em regime aberto é absolutamente incogitável, além de ser prejudicial à ressocialização.

Verifica-se, portanto, a preocupação do magistrado com a ressocialização do apenado que sairá diretamente do regime fechado para o aberto – domiciliar com monitoramento eletrônico – em decorrência da falta de vagas em estabelecimento adequado ao regime intermediário em presídio na Comarca de Presidente Prudente/SP.

Nesse ponto, cabe destacar que o artigo 1º da Lei de Execução Penal prevê que *a execução penal tem por objetivo efetivar as disposições de sentença ou decisão criminal e proporcionar condições para a harmônica integração social do condenado e do internado.* Logo, a finalidade da execução da pena é não somente o cumprimento da sanção, mas a ressocialização da pessoa, conforme estudado no capítulo 1.

Entende-se a inquietação do magistrado quanto à impossibilidade de ressocialização em virtude de o sentenciado não passar pelo regime semiaberto. Nesta mesma óptica, ou seja, de que o sistema progressivo é primordial, é a conclusão de Bitencourt quando afirma, relativamente ao apenado, ser *indispensável que ele tenha cumprido, pelo menos, um sexto da pena no "regime anterior", nos termos do art. 112 da Lei de Execução Penal. Isso quer dizer que o condenado não poderá passar diretamente do fechado para o aberto, sem passar obrigatoriamente pelo regime semi-aberto.* (BITENCOURT, 2009, p. 489).

Nessa mesma perspectiva, destacando a importância da progressão dos regimes para o retorno do indivíduo à sociedade, é a consideração de Nunes:

> A progressão de regime é pressuposto essencial para essa reintegração, pois a lei estabelece que esse retorno à sociedade devas ser realizada aos poucos, pois saindo do fechado para as ruas, certamente essa ideia seria frustrada, o que é uma realidade, pois, depois de determinado tempo de cumprimento de pena, dependendo do comportamento carcerário de cada um, o benefício pode ser concedido, nesse caso, o

> preso é transferido do regime fechado para o semiaberto ou do semiaberto para o aberto, de modo a facilitar seu retorno à sociedade. (NUNES, 2009, p. 89)

Todavia, convém sublinhar que a Lei de Execução Penal estabelece outros institutos que também buscam a reinserção social do preso, como trabalho (artigo 28), estudo (artigo 126), autorizações de saída temporária (artigo 122), recebimento de visita de cônjuge, companheiro (a), parentes e/ou amigos, em dias determinados (artigo 41, inciso X).

A respeito da importância da ressocialização do apenado e da utilização, em uma perspectiva ampliada e multidimensional, Bitencourt destaca que a ressocialização não é o único nem o objetivo principal da pena:

> A ressocialização não é o único e nem o principal objetivo da pena, mas sim, uma das finalidades que deve ser perseguida na medida do possível. Salienta também que não se pode atribuir às disciplinas penais a responsabilidade de conseguir a completa ressocialização do delinqüente, ignorando a existência de outros programas e meios de controle social através dos quais o Estado e a sociedade podem dispor para cumprir o objetivo socializador, como a família, a escola, a igreja, etc. (BITENCOURT, 1999, p. 25)

Há, por outro lado, quem denuncie a impossibilidade de ressocialização dos condenados nos sistemas carcerários contemporâneos. Nesse sentido, Baratta informa que há muitos anos são realizadas pesquisas empíricas para investigar a eficácia do sistema carcerário em relação as características psicológicas, sociológicas e organizativas e que muitas delas concluem serem insuficientes as tentativas de socialização e reinserção. Afirma que a modernização da legislação penitenciária, que introduziu técnicas psicoterapêuticas e educativas, alterando parcialmente a estrutura do cárcere, não alterou, de fato, a zona de marginalização (BARATTA, 2002, p. 183).

Pelo contrário, o autor sustenta que o atual modelo de sistema prisional nas sociedades capitalistas gera efeitos contrários a reeducação e reinserção do condenado, mas favoráveis a continuidade da prática delitiva. Cita, a título exemplificativo, a cerimônia de degradação, realizada no início da vida na prisão, quando são retirados do preso suas roupas e objetos pessoais, que, nas palavras de Baratta, são *símbolos exteriores da própria autonomia*. Tal cerimônia ilustra que as características de repressão e uniformização vão de encontro ao ideal de educação, que tem como pressupostos a liberdade e espontaneidade da pessoa. O autor comprova, ainda, que exames clínicos e testes de personalidade concluíram que *a possibilidade de transformar um delinquente antissocial violento em um indivíduo adaptável, mediante uma longa pena carcerária, não parece existir* (BARATTA, 2002, p. 183).

Por fim, no tocante ao vínculo do preso com a sociedade, Baratta afirma que: *esta é uma relação entre quem exclui (sociedade) e quem é excluído (preso)* e que *toda técnica pedagógica de reinserção do detido choca contra a natureza desta relação de exclusão. Não se pode, ao mesmo tempo, excluir e incluir*. Na sequência, acrescenta que a prisão reflete os atributos negativos da sociedade capitalista, tais como egoísmo e indivíduos mais fracos submetidos a papéis de submissão e exploração. Assim, para falar em reeducação dos encarcerados, antes faz-se necessário reeducar a sociedade (BARATTA, 2002, p. 186).

Ainda sob prisma crítico quanto a ressocialização, há parte da doutrina que alega ser esta a ferramenta basilar do Estado para impor as suas regras. Desaprova a maneira como a ressocialização é feita para que o egresso se amolde à sociedade. Nesses termos:

> [...] Por conseguinte, passamos à análise das funções não declaradas da "ressocialização", principal ferramenta utilizada pelo ente estatal para propagar seu discurso falacioso, que consiste no fato de que o homem ao cometer um ilícito perde sua condição

> humana e precisa ser corrigido e reeducado, para que retorne à sociedade, devidamente capacitado, a fim de que obedeça às regras impostas sem questioná-las.
>
> [...]
>
> De acordo com o que foi exposto no capítulo anterior, o trabalho carcerário é, pois, importante instrumento de *neutralização* do indivíduo. Não existe uma "reeducação" do condenado, como pregam os defensores da teoria da prevenção especial positiva. O que é reeducar? É, portanto, *anular* o indivíduo e amoldá-lo aos ditames da sociedade, para que, através da sua *correção*, possamos devolvê-lo à sociedade, para que, através de sua correção, possamos devolvê-lo à sociedade, apto a tecer suas relações consideradas "normais". (RAVAZZANO, 2017, p. 189)

Retomando à análise da aplicação da Súmula Vinculante nº 56 no Tribunal de Justiça do Estado de São Paulo (TJSP), pode-se concluir que em 88 (oitenta e oito) *Habeas Corpus* analisados, ou seja, em 92% (noventa e dois por cento) o Poder Judiciário aplicou ao menos um dos pressupostos da Súmula. Desses 88 (oitenta e oito) casos, em 61 (sessenta e um), isto é, em 70%, alguma medida para aplicar a Súmula foi tomada, nos seguintes moldes: em 55 (cinquenta e cinco) decisões foram para "adotar os termos da Súmula" [79] e em 6 (seis) para transferir o apenado de imediato para o regime semiaberto. A concessão imediata de saída antecipada, ocorreu em 27 (vinte e sete) processos, isto é, em 28% (vinte e oito por cento). Em contrapartida, a Súmula não foi aplicada em 7 (sete) processos ou 8% (oito por cento) do total.

79. Conforme explicado no início do capítulo do TJSP, o Estado adotou duas soluções subsidiárias sob a determinação de *'adotar os termos da Súmula'* A primeira foi no sentido de transferir o apenado para regime adequado (semiaberto). Subsidiariamente, em caso de não haver vagas no regime intermediário, conceder a saída antecipada, ou seja, a prisão domiciliar.

Diante disso, se considerarmos que as outras providências no sentido da aplicação da Súmula foram tomadas, tal como, a transferência para estabelecimento efetivamente adequado ao regime semiaberto, podemos entender que a Súmula foi aplicada em 92% (noventa e dois por cento) dos processos. Por outro lado, considerando apenas a aplicação da Súmula no sentido da concessão de saída antecipada, esta foi aplicada em 28% (vinte e oito por cento) dos processos. Estas informações podem ser conferidas nos gráficos a seguir:

Gráfico 4: aplicabilidade ou não da Súmula Vinculante nº 56 no TJSP

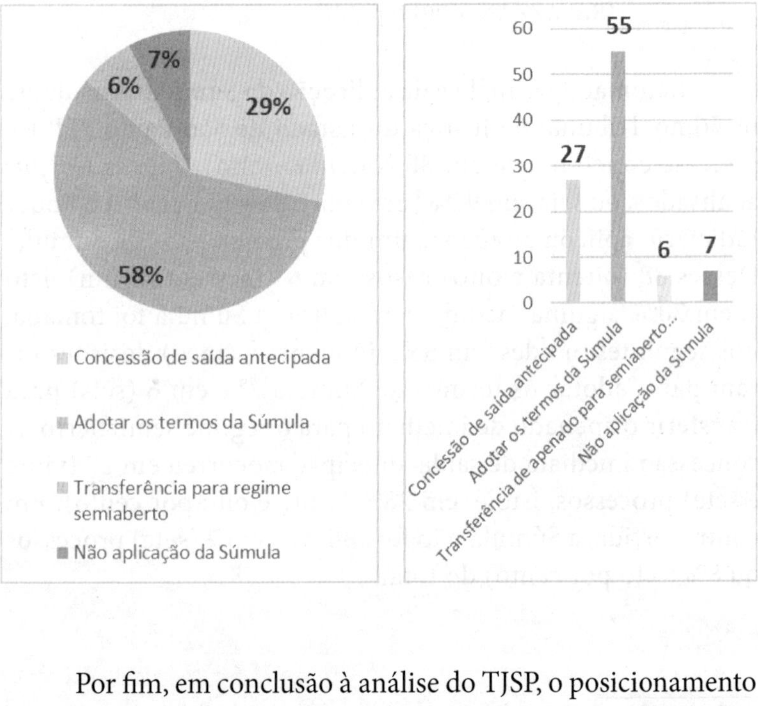

Por fim, em conclusão à análise do TJSP, o posicionamento agregado dos magistrados quanto a aplicação ou não da Súmula Vinculante nº 56 e/ou a concessão ou não da saída antecipada consta no anexo 2 desta obra.

3.6. Estudo de casos: o Tribunal de Justiça do Estado do Distrito Federal (TJDFT)

3.6.1. Justificativa da escolha do Tribunal e contextualização da situação prisional do Distrito Federal e Territórios

Entre os Estados da região Centro-Oeste, selecionou-se o Distrito Federal para análise da jurisprudência formada a partir da edição da Súmula Vinculante nº 56. Além de ter sido o Tribunal da região com a maior quantidade de decisões relativas ao Tema da Súmula Vinculante nº 56, sua escolha se dá em razão da elevada taxa de aprisionamento de 510 (quinhentas e dez) pessoas presas para cada 100.000 (cem mil) habitantes. A magnitude deste número fica evidenciada quando comparada com o Estado de São Paulo, que tem o maior número de pessoas presas do País e possui taxa de aprisionamento de 536 (quinhentos e trinta e seis) pessoas presas para cada 100.000 (cem mil) habitantes[80].

Sobre a situação prisional do Distrito Federal[81], cabe destacar que atualmente a população carcerária é de 16.287 (dezesseis mil, duzentos e oitenta e sete) presos. Contudo, a quantidade de vagas construídas é de 8.680 (oito mil, seiscentos e oitenta), ou seja, há *déficit* de 7.607 (sete mil, seiscentos e sete) vagas. Do total de detentos, 7.586 (sete mil, quinhentos e oitenta e seis) são condenados ao regime fechado, 5.262 (cinco mil, duzentos e sessenta e dois) ao semiaberto, 0 (zero) ao regime aberto e 3.310 (três mil,

80. Dados do Departamento Penitenciário Nacional – DEPEN – apresentados em 2017. Disponível em http://www.justica.gov.br/news/ha-726-712-pessoas-presas--no-brasil/relatorio_2016_junho.pdf. Acesso em: 24 de julho de 2018, p. 12. "*Entre 2000 e 2016, a taxa de aprisionamento aumentou em 157% no Brasil. Em 2000 existiam 137 pessoas presas para cada grupo de 100 mil habitantes. Em junho de 2016, eram 352,6 pessoas presas para cada 100 mil habitantes*".

81. No anexo 1 constam as informações que foram prestadas pelos Governos dos Estados referentes ao ano de 2013 (data da audiência pública do RE 641.320). Sendo assim, acrescentamos neste capítulo informações atualizadas dos anos de 2017 e 2018.

trezentos e dez) são presos provisórios. Não há informações no sítio do Conselho Nacional de Justiça (CNJ) sobre a quantidade de condenados em prisão domiciliar, com ou sem monitoramento eletrônico[82].

Apresentado o contexto atualizado do sistema penitenciário do Distrito Federal, passa-se ao exame da jurisprudência formada em decorrência da edição da Súmula Vinculante nº 56.

Aplicando-se os filtros apresentados[83], a pesquisa localizou apenas 6 (seis) processos, todos da classe de *Habeas Corpus*[84]. Da análise do mérito, foram identificadas as seguintes soluções: em 5 (cinco) casos a ordem não foi concedida, por estar o sentenciado cumprindo pena em penitenciária, mas em ala destinada ao regime semiaberto; em 1 (um) *Habeas Corpus* coletivo foi denegada a ordem em razão de reforma realizada em estabelecimento adequado ao regime semiaberto. Isso significa que a aplicação da Súmula em relação à concessão de saída antecipada não ocorreu em processo algum.

A Tabela 8 sistematiza o conteúdo das 6 (seis) decisões do TJDFT analisadas nesta subseção:

82. Dados do Conselho Nacional de Justiça- CNJ. Disponível em http://www.cnj.jus.br/inspecao_penal/gera_relatorio.php?tipo_escolha=comarca&opcao_escolhida=33&tipoVisao=presos. Acesso em: 24 de julho de 2018.

83. Conforme explicado na introdução deste capítulo (item 4.1), a pesquisa foi realizada por meio do sítio eletrônico do TJDFT, no ícone jurisprudência, no campo pesquisa de jurisprudência, com as seguintes palavras-chave "Súmula Vinculante nº 56", de 8.8.2016 até 22.12.2017.

84. O resultado da busca apresentou 18 processos. Destes 18, apenas 6 trataram a respeito da transferência para estabelecimento penal adequado ou de concessão de saída antecipada. Nos outros 12 processos, a Súmula foi apresentada apenas em caráter subsidiário ou sem a análise do mérito e, por isso, esses 12 não entram na estatística deste estudo.

Tabela 8- Relação: aplicabilidade ou não da Súmula Vinculante nº 56

5 casos denegando a ordem em razão do cumprimento de pena em penitenciária, mas em ala destinada ao regime semiaberto
1 *HC* coletivo denegando a ordem

3.6.2. A formulação da jurisprudência de base e a principal discussão jurídica ocorrida no âmbito do TJDFT

Do conjunto de todos os processos examinados no âmbito do Tribunal de Justiça do Distrito Federal e Territórios (TDFT), o debate mais relevante a respeito do Tema do Recurso Extraordinário nº 641.320 ocorreu em relação à *não concessão de saída antecipada em razão do cumprimento de pena em penitenciária, em ala destinada para o regime semiaberto.*

No caso selecionado para o estudo desta seção[85], o relator concordou com a possibilidade de o apenado cumprir pena na PDF II – Penitenciária do Distrito Federal, mesmo condenado ao regime semiaberto, nos termos da ementa a seguir colacionada:

> HABEAS CORPUS. EXECUÇÃO PENAL. REGIME SEMIABERTO. PACIENTE RECOLHIDO NA PENITENCIÁRIA DO DISTRITO FEDERAL - PDF II. ALA ESPECÍFICA E SEPARADA - POSSIBILIDADE. CENTRO DE PROGRESSÃO PENITENCIÁRIA - CPP UNIDADE PRISIONAL DESTINADA AOS PRESOS COM BENEFÍCIOS EXTERNOS IMPLEMENTADOS. ORDEM DENEGADA.

85. Trata-se de *Habeas Corpus* nº 20170020124736HBC (0013385-53.2017.8.07.0000), no qual o sentenciado é Rigner Ribeiro Lima e a autoridade coatora é o Juízo da Vara de Execuções Penais do DF. O acórdão, de relatoria do desembargador Romão C. Oliveira foi publicado em 28.6.2017.
O crime cometido foi o exposto no artigo 157, §2º, I e II, do Código Penal (roubo majorado por concurso de pessoas) e o agravante foi condenado a 6 (seis) anos e 4 (quatro) meses de reclusão, no regime semiaberto. Foi recluso na PDF II – Penitenciária do Distrito Federal II, localizada na Papuda.

> A inexistência de vagas no Centro de Internamento e Reeducação - unidade prisional adequada aos internos do regime semiaberto sem benefícios externos -, permite a alocação de reclusos do mencionado regime na Penitenciária do Distrito Federal - PDF II, visto que, embora de segurança máxima, o estabelecimento permite abrigar os detentos em ala específica e separada. O Centro de Progressão Penitenciária (CPP) destina-se aos presos que tenham obtido e implementado os benefícios legais de trabalho externo e saídas temporárias. (Precedentes). Demonstrado que o paciente cumpre pena em estabelecimento compatível com o regime prisional semiaberto, não se vislumbra constrangimento ilegal a ser reparado com a impetração de *habeas corpus.*

Em consonância com o que foi apresentado no capítulo 1 deste livro e nos termos da Código Penal e da Lei de Execução Penal, convém ressaltar que penitenciária é o local para implemento de pena a ser cumprida no regime fechado. No regime semiaberto, são ambientes adequados para o cumprimento da sanção a colônia agrícola, industrial ou similar. E, por fim, para o regime aberto devem existir casas de albergado[86]. Entretanto, em razão da falta de vagas em estabelecimentos adequados ao cumprimento de pena no regime semiaberto e aberto, a própria LEP[87] e a jurisprudência do STF aceitam a efetivação da condenação em local similar[88].

Por esse ângulo, o Código Penal e a LEP garantem certos direitos para os apenados ao regime semiaberto, como a sujeição ao trabalho (admitido o trabalho externo) e autorização de saída vigiada e de saída temporária. Assim, se comparado com o do regime fechado[89], o ambiente deve ser de menor proibição.

---

86. Código Penal, artigo 33, *a*, *b* e *c*. Lei de Execução Penal, artigos 87 a 95.
87. Lei de Execução Penal, artigo 91 prescreve: a Colônia Agrícola, Industrial ou Similar destina-se ao cumprimento da pena em regime semi-aberto.
88. Exemplos de decisões do STF no sentido da possibilidade de cumprimento de pena estabelecimento similar: Reclamação nº 25.054 e Recurso em *Habeas Corpus* nº 146317.
89. Código Penal, artigo 35. Lei de Execução Penal, artigo 122.

Conforme explicitado anterior, o STF, no Recurso Extraordinário nº 641.320, consolidou entendimento de que os juízes da execução podem avaliar os estabelecimentos destinados aos regimes semiaberto e aberto e atestar se são adequados ou não para o cumprimento da pena. O estudo sobre a possibilidade de a avaliação estar ou não sendo adaptada, no sentido de dar cumprimento à Súmula Vinculante nº 56, demanda uma análise das condições concretas do estabelecimento e certamente colocam-se além das possibilidades desta pesquisa. Entretanto, para fins de reflexão, parece-nos importante citar depoimento de desembargador do Tribunal de Justiça do Estado do Paraná, no qual chama a adaptação das decisões e do sistema para os apenados que têm direito à progressão de *jeitinho da execução penal.* Nesse sentido, afirma o desembargador Marcelo Bertasso:

> No semi-aberto, em tese, o acusado teria de ir para uma Colônia Penal Agrícola ou Industrial, onde ficaria mais livre, trabalharia durante o dia (no próprio estabelecimento) e seria reinserido na sociedade gradativamente, por meio de saídas temporárias. No papel, parece ótimo.
>
> Na prática, porém, nunca se consegue vaga na colônia penal. Que fazer? Não dá para simplesmente deixar o apenado preso no regime fechado: se ele tem direito de ir para regime mais brando, e não há infra-estrutura estatal para isso, não será o apenado quem deverá arcar com as consequências.
>
> É o famoso jeitinho. Se o Estado não providenciou vaga na colônia penal, o juiz tem que ser criativo.
>
> A maioria dos juízes, então, faz o seguinte: determina que o réu trabalhe fora durante o dia (em um emprego qualquer que ele arranjar) e volte para a cadeia dormir.
>
> Em minha comarca, faço isso. Mas como o sentenciado não pode voltar ao final do dia e entrar no interior da cadeia, junto com os presos do fechado (porque senão seria um frequente leva e traz de objetos e recados), a delegacia disponibilizou umas celas no fundo, em separado. Com o tempo, porém, havia tanta gente no semi-aberto que se determinou o rodízio:

> são duas turmas, dormindo em dias alternados na cadeia. Na prática, fica assim: o sentenciado trabalha fora durante o dia e dorme na cadeia dia sim, dia não.
>
> Ou se adota esse sistema ou então, onde não há condições de adotá-lo, concede-se prisão domiciliar ao sentenciado, ou seja, ele cumpre pena em casa (na prática, fica impune).
>
> Mas esse sistema adaptado do semi-aberto (ficar solto durante o dia e preso à noite) não lembra alguma coisa? Sim, o regime aberto.
>
> De acordo com a LEP, no regime aberto o sentenciado deveria dormir na casa do albergado e ficar solto durante o dia. Como não temos vagas em Colônia Penal, não é difícil imaginar que casa de albergado é item de ficção científica por aqui. (BERTASSO, 2009)

Outra crítica dessa natureza é extraída de magistrado do TJGO, o qual, em sede doutrinária, denuncia os problemas das adaptações dos estabelecimentos para o cumprimento de pena no regime semiaberto em Formosa/GO:

> Outro fato por mim verificado foi na época que, atuando na execução penal, determinei a alteração do regime de cumprimento de pena do regime semiaberto na Comarca de Formosa. Na ocasião, a forma de cumprimento deste regime consistia (e voltou a ser) em pernoitar todos os dias na mesma sede onde se cumpre a pena em regime fechado, sendo que os espaços eram separados que estão por duas portas de grades. Ou seja, as pessoas sujeitas ao regime semiaberto ficavam em liberdade durante o dia e se apresentavam às 19h e estavam autorizadas a sair às 6h do dia seguinte (SAMUEL, 2017,p. 88).

Os depoimentos colacionados acima demonstram as complexidades desses tipos de reflexões sobre a adaptação de estabelecimento para cumprimento de penas. Fato é que alguns magistrados, para não concederem a prisão domiciliar, determinam que o réu realize trabalho externo durante o dia e volte para o estabelecimento prisional para dormir, prática que já é adotada em alguns Estados em relação ao regime aberto. Ressalta-se do primeiro depoimento a informação de que, com o aumento da quantidade de presos no semiaberto, foi determinado rodízio, com duas turmas dormindo em dias alternados no estabelecimento. Na segunda declaração salienta-se a informação de que os apenados do regime semiaberto pernoitavam em locais de regime fechado, separados dos presos do regime fechado apenas por portas.

O tema desta discussão está diretamente associado a um dos debates realizados no capítulo 1, quando tratamos do sistema progressivo de cumprimento de penas e o déficit de vagas, especialmente nos regimes semiaberto e aberto. Conforme asseverou Salvador Netto (2017, p. 571), o sistema progressivo disposto na legislação não condiz com o que o Estado disponibiliza para o cumprimento de pena privativa de liberdade. Assim, o déficit de vagas é obstáculo para a passagem efetiva do condenado nos três regimes de cumprimento de pena.

Nesse sentido, Matos denuncia desvio de execução, nos termos do artigo 185 da Lei de Execução Penal (LEP)[90], quando o apenado, condenado ao regime semiaberto ou aberto, é mantido no regime fechado ou similar. Complementa, nessa perspectiva, que essa situação é ofensa direta ao princípio da legalidade:

> É de ver-se que, na Execução Penal, todos os institutos nela inseridos estão sujeitos ao princípio da legalidade, vinculando-se às disposições da sentença ou decisão judicial e ao ordenamento jurídico a lei. Tem-se como caracterizado o excesso de execução tanto quando o sentenciado é submetido a tratamento mais rigoroso do que o fixado na sentença ou determinado pela lei, por exemplo, quando o agente é condenado a cumprir a pena em regime aberto ou semi-aberto – e, no entanto, é mantido em

90. Esse dispositivo estabelece o seguinte: *Art. 185. Haverá excesso ou desvio de execução sempre que algum ato for praticado além dos limites fixados na sentença, em normas legais ou regulamentares.*

> regime fechado; como no caso de aplicada medida de segurança, não é feita a transferência do sentenciado para o hospital de custódia e tratamento psiquiátrico, permanecendo o mesmo em cadeia pública. (MATOS, 2011, p. 365)

Retomando ao estudo da aplicação da Súmula Vinculante nº 56 no âmbito do Tribunal de Justiça do Distrito Federal e dos Territórios (TJDFT), conclui-se que em 5 (cinco) processos houve denegação em razão do entendimento do julgador de que a ala destinada aos apenados do regime semiaberto localizada em penitenciária é compatível com o regime intermediário, ou seja, em 84% (oitenta e quatro por cento). E em 1 (processo) a ordem foi denegada em razão de reforma realizada em estabelecimento adequado ao regime semiaberto, 16% (dezesseis por cento). Ademais, não houve a concessão de saída antecipada nos 6 (seis) processos analisados. Estes dados podem ser certificados no gráfico a seguir:

Gráfico 5: aplicabilidade ou não da Súmula Vinculante nº 56 no TJDFT

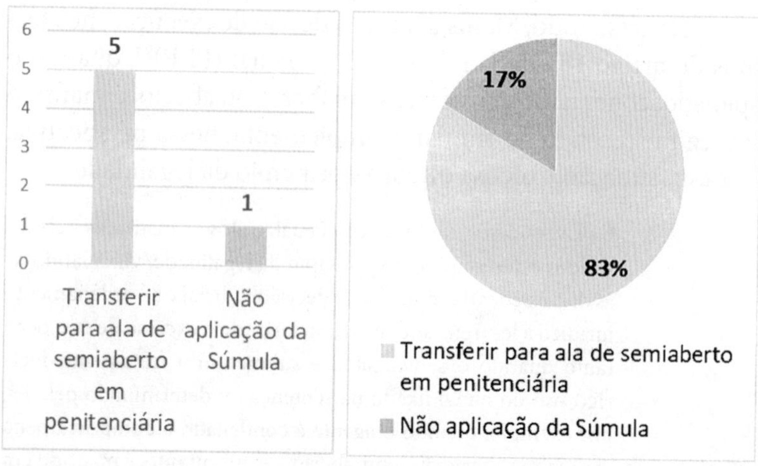

Não obstante a isso, optando-se pelo entendimento de que a transferência dos apenados para regimes incompatíveis com os requisitos da LEP não está alinhado com os parâmetros propostos

na Súmula Vinculante nº 56, ou seja, se consideramos que a ala da penitenciária para a qual foram transferidos os presos não se adequa ao regime semiaberto, a taxa de aplicação da Súmula cai para 0% (zero por cento) do total dos casos analisados no TJDFT.[91]

Ademais, a mesma peculiaridade observada nos julgamentos do TJTO é repetida no TJDFT, sobre a qual é possível indagar: como, em Estados com evidente superlotação dos presídios, pode haver tão poucos pedidos de aplicação de súmula vinculante que apresenta alternativas para ajudar a solucionar este problema? Coloca-se, todavia, esse questionamento para reflexões futuras, uma vez que essa discussão ultrapassa os limites deste livro[92]. Entretanto, como a multiplicidade de decisões judiciais ocasiona consequentemente maior probabilidade de mudança[93], talvez, em

91. Esta é uma crítica que vale ser citada e que corrobora o que foi verificado nos outros Estados já analisados. Entretanto, como excede as balizas desta obra a verificação se os estabelecimentos e/ou alas são, de fato, compatíveis com o regime semiaberto, esta taxa de aplicação da Súmula não será escolhida para os dados da conclusão deste estudo.

92. A despeito de ultrapassar os limites previstos neste livro, vale citar estudo do CNJ (Justiça em números, 2017, ano base 2016) que diferencia os Tribunais de pequeno, médio e grande porte do País. A título de comparação, o TJDFT, de médio porte, tramitou 1.180.350 processos em 2016, enquanto o TJSP, de grande porte, tramitou 25.943.503 em 2016, o TJRS, de grande porte, tramitou 4.491,617 processos em 2016. Disponível em http://www.cnj.jus.br/files/conteudo/arquivo/2017/12/b60a659e5d5cb79337945c1dd137496c.pdf . Acesso em: 27 de julho de 2018. Alguns pontos podem ser levantados para discussão em outros estudos para análise da diferença da quantidade de decisões por Estado, tais como: (i) o recorte do tempo de pesquisa foi de 8 de agosto de 2016 (data da publicação da Súmula) até 22 de dezembro de 2017. Este recorte indica que, talvez, tenha faltado tempo hábil para que os Tribunais produzissem mais decisões; (ii) existe a possibilidade de que os Tribunais não sejam rápidos para analisar temas de execução penal; (iii) há a probabilidade de alguns Tribunais estarem mais conectados com a Suprema Corte e executarem mais rapidamente as decisões do STF. Além disso, vale esclarecer que todos estes Estados possuem estabelecimentos destinados ao regime semiaberto, embora a quantidade não seja proporcional ao número de presos.

93. Conforme observado anteriormente, a saída antecipada foi concedida em 74% dos processos do TJRS, em 66% dos processos do TJCE, em 45% dos processos do TJSP e em 14% dos processos do TJTO.

razão da baixa quantidade de processos sobre o Recurso Extraordinário nº 641.320, a saída antecipada não tenha sido deferida em larga escala.

Por fim, em conclusão à análise do TJDFT, o posicionamento agregado dos magistrados quanto a aplicação ou não da Súmula Vinculante nº 56 e/ou a concessão ou não da saída antecipada consta no anexo 2 desta obra.

CONSIDERAÇÕES FINAIS

A superlotação nos presídios brasileiros e as graves violações de direitos fundamentais dos presos daí decorrentes evidenciam um nítido descompasso entre a realidade da execução penal e os direitos e garantias fundamentais esboçados na Constituição Federal de 1988.

Essa dissonância tem despertado cada vez mais o interesse da pesquisa jurídica e fundamentado uma série de estudos acadêmicos sobre o encarceramento em massa e a execução penal no Brasil. E, como ponto frequente nesse debate, tem-se a reflexão sobre a importância da atuação do Poder Judiciário como garantidor dos princípios e normas constitucionais relacionados aos direitos dos presos a um estabelecimento penal digno e adequado.

Dentro dessa ampla agenda de pesquisas, este livro buscou aportar novas contribuições ao debate geral sobre execução penal e, de forma específica, sobre o direito fundamental ao cumprimento de pena em estabelecimento penal digno e adequado à luz dos novos parâmetros estabelecidos pelo Supremo Tribunal na Súmula Vinculante nº 56, que prescreve que *a falta de estabelecimento adequado não autoriza a manutenção do condenado em regime prisional mais gravoso, devendo-se observar, nessa hipótese, os parâmetros fixados no RE 641.320.*

Adotou-se, portanto, como referência analítica os seguintes parâmetros fixados pelo STF no Recurso Extraordinário nº 641.320 em relação aos sentenciados que cumprem pena no regime semiaberto: (i) *os juízes da execução penal poderão avaliar os estabelecimentos destinados aos regimes semiaberto e aberto, para qualificação como adequados a tais regimes.* No entanto, não deverá haver alojamento conjunto de presos dos regimes semiaberto e aberto com presos do regime fechado e; (ii) *havendo déficit de vagas, deverão ser determinadas a saída antecipada de sentenciado no regime com falta de vagas.*

De forma objetiva, investigou-se em que medida os Tribunais de Justiça dos Estados têm aplicado os parâmetros fixados no Recurso e a formulação de jurisprudência por meio dos fundamentos teóricos e fáticos utilizados pelos magistrados nos processos relacionados à Súmula Vinculante nº 56.

Para responder a essas questões, o capítulo 1 desta obra adotou como marco teórico as doutrinas que desenvolvem a ideia de direito fundamental ao cumprimento de pena em estabelecimento penal digno e adequado como parâmetro para a execução penal. Nesse campo, apoiou-se nos debates teóricos sobre (i) as finalidades e funções da pena, sobretudo a privativa de liberdade; (ii) a aplicação dos princípios da dignidade humana, da humanidade das penas, da legalidade e da individualização da sanção à fase da execução penal e; (iii) os fundamentos do sistema progressivo de execução da pena no Brasil.

Além disso, fundamentou-se na jurisprudência constitucional recente sobre as condições de cumprimento das penas no Brasil. Para tanto, o capítulo 2 analisou criticamente as discussões e decisões do Supremo Tribunal no Recurso Extraordinário nº 641.320, que deu origem à Súmula Vinculante objeto desta pesquisa, e nos seguintes casos: (i) a Arguição de Descumprimento de Preceito Fundamental nº 347, com pedido de liminar parcialmente deferido, em setembro de 2015, para reconhecer o Estado de Coisas Inconstitucional do sistema penitenciário brasileiro; (ii) o Recurso Extraordinário nº 592.581, com acórdão publicado em fevereiro de 2016, determinando que o Poder Executivo realize obras nos estabelecimentos prisionais do Brasil e; (iii) o Recurso Extraordinário nº 580.252, que assentou a responsabilidade civil do Estado por danos causados aos presos em decorrência da superlotação carcerária e a reparação do dano moral.

Ao analisar os conteúdos centrais dessas decisões do STF percebe-se que os direitos fundamentais da pessoa presa têm sido recorrentemente reconhecidos pelo Supremo Tribunal Federal e que, como forma de proteção desses direitos, a Corte Constitucional tem proposto cada vez mais o diálogo e determinado medidas concretas que se encontram majoritariamente na esfera de atuação do Poder Executivo. O STF tem determinado, ainda, a aplicação dos recursos da União em políticas públicas para melhoria do sistema penitenciário.

Com base nessas referências doutrinárias e jurisprudenciais, a parte empírica da pesquisa, realizada ao longo do capítulo 3, buscou investigar em que medida os Tribunais de Justiça dos Estados têm aplicado os pressupostos do Recurso Extraordinário nº 641.320, além dos fundamentos teóricos e fáticos utilizados pelas instâncias ordinárias na construção de uma jurisprudência de base relacionada à Súmula Vinculante nº 56. Para tanto, foram selecionados para análise qualitativa e quantitativa um Tribunal de Justiça de cada Região, quais sejam: o Tribunal de Justiça do Estado do Rio Grande do Sul (TJRS), o Tribunal de Justiça do Estado de Tocantins (TJTO), o Tribunal de Justiça do Estado do Ceará (TJCE), o Tribunal de Justiça do Estado de São Paulo (TJSP) e o Tribunal de Justiça do Distrito Federal e Territórios (TJDFT).

Dessa análise, a primeira constatação factual relevante foi a de que a aplicação de algum dos parâmetros estabelecidos pelo STF, incluindo a saída antecipada, ocorreu em 87% (oitenta e sete por cento) do total de 166 (cento e sessenta e seis) casos[1]. Diante

1. Resultado obtido do total dos processos dos Tribunais de Justiça dos Estados em que foram aplicadas medidas da Súmula e/ou foi concedida a saída antecipada:

disso, confirma-se a primeira hipótese, apresentada na introdução deste trabalho, de que os Tribunais de Justiça dos Estados têm atuado para atender aos pressupostos do Recurso Extraordinário nº 641.320.

Outra observação empírica que merece destaque é a de que a possibilidade de saída antecipada não tem sido concedida de forma predominante pelos Tribunais de Justiça dos Estados. De fato, observou-se que as decisões do Poder Judiciário se dividiram, em síntese, entre a transferência do apenado para outro estabelecimento ou aplicação de situação similar ao regime semiaberto – que ocorreu em 46% (quarenta e seis) dos casos – e a concessão da saída antecipada – que foi reconhecida em 41% (quarenta e um por cento) das decisões[2]. E, por fim, a manutenção do apenado no regime atual, ou seja, a não aplicação da Súmula, ocorreu em 13% (treze por cento)[3].

A partir desses dados quantitativos e das análises qualitativas das decisões, pode-se afirmar que as instâncias ordinárias têm priorizado a aplicação de outras medidas, para amoldar o cumprimento de pena ao regime semiaberto, o que confirma a segunda hipótese desta pesquisa, segundo a qual a possibilidade de concessão da saída antecipada não tem sido aplicada de forma predominante pelo Poder Judiciário.

Da análise do conteúdo das decisões, foram identificadas diversas discussões teóricas e operacionais sobre os limites e possibilidades da transferência de apenado para estabelecimento similar ou adaptação do sistema ao regime semiaberto e da concessão de

---

29 do TJRS, 6 do TJTO, 17 do TJCE, 88 (61+27) do TJSP e 5 do TJDFT. Total:145 processos, ou seja, 87%.

2. Resultado obtido do total dos processos dos Tribunais de Justiça dos Estados em que foi concedida a saída antecipada: 29 do TJRS, 1 do TJTO, 12 do TJCE, 27) do TJSP e 0 do TJDFT. Total: 69 processos, ou seja, 41%.

3. Resultado obtido do total dos processos dos Tribunais de Justiça dos Estados em que a Súmula não foi aplicada: 10 do TJRS, 2 do TJTO, 1 do TJCE, 7) do TJSP e 1 do TJDFT. Total: 21 processos, ou seja, 13%.

saída antecipada. Importante destacar que essas reflexões são frutos do espaço interpretativo atribuído aos magistrados no Recurso Extraordinário nº 641.320, que reconheceu explicitamente que a possibilidade da antecipação da saída antecipada de sentenciados abre espaço para formulação de uma jurisprudência de base pelas instâncias ordinárias.

Entre essas discussões, constatou-se que, em algumas ocasiões, a não concessão da saída antecipada foi motivada a partir de uma ponderação entre os direitos dos condenados à execução da pena de acordo com a lei e os interesses da sociedade na manutenção da segurança pública. Nesses casos, identificou-se uma percepção difusa de que a concessão da saída antecipada carrega consigo o estigma da impunidade e da desconsideração das funções preventiva e repressiva da pena. Diante desse conflito, certos magistrados buscaram conciliar essas duas perspectivas – do direito do preso e da segurança pública – por meio, por exemplo, da transferência do apenado para estabelecimentos ou setores similares aos que caracterizam o regime semiaberto ou a autorização de algum benefício relacionado ao referido regime, afastando, assim, a hipótese da concessão direta da saída antecipada.

Contudo, as estatísticas sobre o déficit de vagas no sistema carcerário brasileiro e a falta de estabelecimentos adequados ao cumprimento de pena em regime semiaberto expõem a insustentabilidade dessa alternativa de transferência de apenados para ambientes com requisitos análogos aos exigidos pela Lei de Execução Penal. De acordo com o Departamento Penitenciário Nacional, por exemplo, 46.141 (quarenta e seis mil cento e quarenta e um) apenados com direito à progressão do regime fechado para o semiaberto permaneciam no regime fechado por falta de vagas em unidades do tipo semiaberto no ano de 2016[4].

4. Os dados apresentados no Recurso Extraordinário foram extraídos das informações do DEPEN, apresentados em 2017, data base, 2016. Se compararmos com o

Considerando que o ponto central da atual crise do sistema penitenciário brasileiro é justamente o encarceramento em massa e o déficit de vagas, é forçoso reconhecer que as decisões no sentido de transferir os presos para vagas do regime adequado – notadamente insuficientes – ou similares dificilmente lograrão êxito em garantir o cumprimento da pena em regime digno e adequado.

É importante esclarecer, contudo, que essa crítica não se direciona a todas as decisões concretas dos casos analisados nesta pesquisa, que, salvo melhor juízo, lograram êxito em retirar o apenado do regime mais gravoso. Mais do que isso, trata-se de reflexão crítica quanto ao potencial de utilização desse expediente em uma escala compatível com o atual quadro de superlotação carcerária, marcado por violações generalizadas de direitos fundamentais dos presos.

Ainda sobre o conteúdo das decisões, constatou-se que alguns magistrados promoveram a discussão sobre a possibilidade de reintegração social do apenado à sociedade quando concedida a saída antecipada. Nessa reflexão, merece destaque o entendimento que justificou a oposição à saída antecipada, em razão de que a colocação do sentenciado diretamente em regime aberto é absolutamente incompatível com o modelo de ressocialização previsto em nosso ordenamento jurídico.

Não obstante a relevância da discussão promovida nesses casos, é imperioso admitir que a atual crise do sistema carcerário brasileiro – considerado pelo STF como um "estado

---

número apresentado pelo Ministro Relator do RE, em 2014, no qual havia 32.460 apenados com direito à progressão de regime permaneciam no regime fechado por falta de vagas em unidades do tipo semiaberto (informação em item 2.2 desta obra), a quantidade de apenados nesta situação aumentou em 13.681. Disponível em http://depen.gov.br/DEPEN/noticias-1/noticias/infopen-levantamento-nacional-de-informacoes-penitenciarias-2016/relatorio_2016_22111.pdf, p. 24. Acesso em: 4 de setembro de 2018.

de coisas inconstitucional" - já retira dos presos, em geral, a oportunidade de ressocialização. Embora reconheçamos a pertinência dessa preocupação, registramos que o problema da ressocialização dos apenados em geral tem raízes absolutamente anteriores à possibilidade da saída antecipada vislumbrada na Súmula Vinculante nº 56.

Mais uma conclusão extraída das decisões analisadas neste trabalho é a de que a atual fase de implementação do sistema de "fila de sentenciados" (sistema BNMP 2.0, do CNJ) não tem sido empecilho fundamental para a concessão de prisão domiciliar aos apenados que estão mantidos em regime mais gravoso. Fato é que em poucas decisões essa questão colocou-se como óbice à autorização da saída antecipada, o que nos permite afirmar que os magistrados incorporaram a tese de que não compete ao apenado arcar com o ônus de suportar os problemas do Estado em viabilizar a gestão informatizada da execução penal.

Outra observação factual importante diz respeito aos impactos da mora do Judiciário em deferir progressão para o regime semiaberto, com a consequente transferência de estabelecimento, mesmo tendo o apenado cumprido os requisitos objetivo e subjetivo, o que tem resultado na manutenção do condenado em regime mais gravoso em alguns casos. Tais situações evidenciam, em síntese, que a continuidade de preso em regime mais gravoso não decorre única e exclusivamente da falta de vagas no sistema carcerário, havendo também situações em que a morosidade do Poder Judiciário contribui para violar o direito ao cumprimento de pena em regime digno e adequado.

Mais uma constatação decorrente deste estudo é a de que, nos termos do RE nº 641.320, a concessão de a saída antecipada de sentenciado do regime com falta de vagas - saída do regime semiaberto para o aberto para abrir vaga àquele que acaba de progredir - tem sido aplicada de forma heterogênea entre os diferentes Tribunais de Justiça.

No estrato superior de aplicação da Súmula, tem-se a maior incidência dos entendimentos sumulados nas decisões do TJRS e do TJCE. No TJRS, houve concessão da saída antecipada em 29 (vinte e nove) dos 39 (trinta e nove) casos estudados, ou seja, em 74% (setenta e quatro por cento) e indeferimento nos outros 10 (dez) processos, isto é, em 26% (vinte e seis por cento). Já o TJCE aplicou a saída antecipada em 12 (doze) dos 18 (dezoito) casos, ou seja, em 67% (sessenta e sete por cento). Determinou a transferência do apenado para regime adequado ou similar em 5 (cinco) oportunidades, ou seja, 28% (vinte e oito por cento) e indeferiu o pedido em 1 (um) caso, isto é, em 5% (cinco por cento).

No estrato intermediário, posiciona-se o TJSP, no qual a saída antecipada incidiu em 27 (vinte e sete) dos 95 (noventa e cinco) processos analisados, ou seja, em 28%(vinte e oito por cento). Em 55 (cinquenta e cinco) decisões, isto é, em 57 % (cinquenta e sete por cento) a ordem foi para 'adotar os termos da Súmula' (no qual verificamos que, em primeiro plano, a opção foi transferir para o regime semiaberto e como segunda alternativa a concessão de saída antecipada) e em 6 (seis), ou seja, 7% (sete por cento) a ordem foi para transferir de imediato para o regime semiaberto. Por sua vez, observou-se o indeferimento dos pedidos em 7 (sete) casos, isto é, 7% (sete por cento) dos processos decididos pelo TJSP.

No estrato inferior, posicionam-se o TJTO e o TJDFT. No Tribunal de Justiça do Estado de Tocantins, apenas 1 (um), ou seja, 13% (treze por cento) das 8 (oito) decisões relacionadas ao tema alinhou-se aos parâmetros da saída antecipada estabelecido pelo STF. Ainda no TJTO, outras medidas para harmonizar o cumprimento de pena em regime semiaberto foram determinadas em 5 (cinco) processos, ou seja, em 63% (sessenta e três por cento) e o indeferimento dos pedidos foi decidido em 2 (dois) casos, isto é, em 25%(vinte e cinco por cento). Já no TJDFT, em nenhum dos 6 (seis) casos analisados houve concessão da saída antecipada, ou seja, 0% (zero por cento), sendo que o Tribunal determinou a manutenção do apenado a regime similar em 5 (cinco) oportunidades, isto é, em 84% (oitenta e quatro por cento) e decidiu pelo indeferimento dos pedidos em 1 (um) caso, ou seja, em 17% (dezessete por cento).

Outra análise interessante diz respeito aos casos de não aplicação da Súmula, que poderiam sugerir, à primeira vista, um descumprimento dos parâmetros estabelecidos pelo STF. Entretanto, dentre as diversas justificativas[5], algumas, de fato, impediam a aplicação da Súmula, como o fato de o preso estar foragido[6] e a violação reiterada de monitoramento eletrônico[7]. Por outro lado, há outras decisões em que a Súmula poderia ter sido aplicada, como por exemplo, a negativa justificada pela priorização de apenados que estivessem em melhores condições de receber a saída antecipada.[8] Pondera-se, portanto, que a não concessão da saída antecipada não pode ser interpretada necessariamente como desrespeito aos preceitos da Súmula Vinculante nº 56, tendo em vista que há casos em que o preso, de fato, não cumpria os requisi-

5. Dos 21 casos em que não houve aplicação da Súmula em nenhum aspecto, verificou-se os seguintes fundamentos: 3 (três) oportunidades o indeferimento deveu-se à negativa da condição pessoal do apenado e ao saldo elevado de pena a cumprir; 4 (quatro) decidiu-se pela priorização de apenados que estivessem em melhores condições de receber a saída antecipada; 2 (dois) alegou-se motivos de priorização da segurança pública; 1 (uma) situação pelo fato de o recorrente não ter evidenciado que o estabelecimento no qual cumpria pena não se adequava aos parâmetros legais; 1 (um) tendo em vista a possibilidade de reiteração delitiva e periculosidade do agente; 1 (um) em razão de o apenado não possuir residência fixa na Comarca; 5 (cinco), entendeu-se que o ato de transferência do apenado é privativo do juiz da execução; 1 (um) por estar o preso foragido; 1 (um) afirmou-se que a Súmula não poderia ser aplicada em razão de o apenado ter progredido há apenas 1 mês; 1 (um) em razão de violação reiterada de monitoramento eletrônico e; 1 (um) por estar o sentenciado cumprindo pena em penitenciária, mas em ala destinada ao regime semiaberto.

6. *Habeas Corpus* número 2205534-48.2016.8.26.0000 /SP.

7. Processo número 0000354-90.2017.8.06.0000/CE.

8. Processos números: 1) 70071156954, 2) 70069992881, 3) 70069992881, 4) 70069996676.

tos objetivos e/ou subjetivos para transferência de estabelecimento ou para a concessão de prisão domiciliar.

Portanto, de acordo com todo o estudo verifica-se que não há solução rápida, tampouco fácil para solucionar o descompasso entre o que dispõe a legislação brasileira e a prática da execução penal. Entretanto, conclui-se que, a despeito do curto tempo de existência da Súmula e da sua menor efetividade em alguns Estados, esta, de fato, gerou mudanças efetivas no cumprimento de penas privativas de liberdade no Brasil. Portanto, de forma complementar a este estudo, entende-se como fundamental o desenvolvimento de investigações futuras a respeito da continuidade, aprimoramento e efeitos da aplicação da Súmula Vinculante nº 56.

BIBLIOGRAFIA

BARATTA, Alessandro. **Criminologia crítica e crítica do direito penal: introdução a sociologia do Direito Penal**. Tradução Juarez Cirino dos Santos. 3. ed. Rio de Janeiro: Editora Revan, 2002.

BARBOSA MOREIRA, José Carlos. Sobre a "Participação do Juiz" no Processo Civil. In: GRINOVER, Ada Pellegrini; DINAMARCO, Cândido; WATANABE, Kazuo (Org.). **Participação e Processo.** São Paulo: Ed. RT, 1988.

BARROS, Carmem Silvia de Moraes Barros. **A individualização da pena na execução penal.** São Paulo: Editora Revista dos Tribunais, 2001.

BARROSO, Luis Roberto. **Judicialização, ativismo judicial e legitimidade democrática.** Revista Direito do Estado, Salvador, ano 4, n. 13, p. 71-91, jan/mar. 2009.

BATISTA, Nilo. **Introdução Crítica ao Direito Penal Brasileiro**. 9.ed. Rio de Janeiro: Revan, 2001.

BAUMAN, Zygmunt. **Globalização: as consequências humanas**. Rio de Janeiro: Jorge Zahar, 1999.

BECCARIA, Cesare Bonesana, Marchesi di. **Dos Delitos e Das Penas**. Tradução J. Cretella Jr. e Agnes Cretella. 2 ed. rev., 2 tir. São Paulo: Editora Revista dos Tribunais, 1999.

BENETI, Sidnei Agostinho. **Execução Penal**. São Paulo: Saraiva, 1996.

BERTASSO, Marcelo. **Os jeitinhos na execução penal.** Disponível em https://mpbertasso.wordpress.com/2009/03/04/os-jeitinhos-na-execucao-penal/ Acesso em 14 de agosto de 2018.

BITENCOURT, Cezar Roberto. **Novas Penas Alternativas**. São Paulo: Saraiva,1999.

______________________. **Tratado de direito penal.** 14. Ed. São Paulo: Saraiva, 2009.

BIZOTTO, Alexandre. **A inversão ideológica do discurso garantista**. Rio de Janeiro: Lumen Juris, 2010.

BLOWER, Ana Paula. PAINS, Clarissa. **Incidência de tuberculose em presos é 30 vezes maior do que na população geral.** O Globo. Disponível em: <https://oglobo.globo.com/sociedade/saude/incidencia-de-tuberculose-em-presos-30-vezes-maior-do-que-na-populacao-geral-22540362>. Acesso em 18 de maio de 2018.

BODIN DE MORAES, Maria Celina. **Danos à pessoa humana: Uma leitura civil-constitucional dos danos morais.** Rio de Janeiro: Ed renovar. 2003.

BRASIL. **Constituição da República Federativa do Brasil de 1988**. Disponível em: <http://www.planalto.gov.br/ccivil_03/constituicao/constituicaocompilado.htm>. Acesso em: 20 de maio de 2018.

________. Lei n. 7.210, de 11 de julho de 1984. **Institui a Lei de Execução Penal.** Disponível em: <http://www.planalto.gov.br/ccivil_03/leis/l7210.htm>. Acesso em: 20 de maio de 2018.

________. Decreto-Lei nº 2.848, de 7 de dezembro de 1940. **Código Penal.** Disponível em: <http://www.planalto.gov.br/ccivil_03/decreto-lei/Del2848compilado.htm>. Acesso em: 20 de maio de 2018.

________. **Emenda Constitucional nº 45**. Disponível em http://www.planalto.gov.br/ccivil_03/constituicao/emendas/emc/emc45.htm Acesso em: 25 de julho de 2018.

________. **Exposição de motivos nº 211**, de 9 de maio de 1983. Decreto-Lei nº 2.848, de 7 de dezembro de 1940. Disponível em http://www2.camara.leg.br/legin/fed/declei/1940-1949/decreto-lei-2848-7-dezembro-1940-412868-exposicaodemotivos-148972-pe.html Acesso em: 19 de julho de 2018.

________. BRASIL. **Superior Tribunal de Justiça**: ***Habeas Corpus* nº 114.829/SP**, Relator: Ministro Napoleão Nunes Maia Filho, Quinta Turma, DJe, 16 de março de 2009. Disponível em STJ.jus.br. Acesso em: 22 de dezembro de 2018.

________. **Resolução n. 663 C (XXIV) do Conselho Econômico e Social,** de 31 de julho de 1957. Disponível em: <http://www2.camara.leg.br/atividade-legislativa/comissoes/comissoes-permanentes/cdhm/comite-brasileiro-de-direitos-humanos-e-politica-externa/RegMinTratRec.html>.

________. **Supremo Tribunal Federal. Recurso Extraordinário 580.252/MS**. Tribunal Pleno. Relator Ministor Teori Zavascki. DJe, 11 de novembro de 2017. Disponível em: http://www.stf.jus.br/portal/processo/verProcessoAndamento.asp?incidente=2600961

________. **Supremo Tribunal Federal. Recurso Extraordinário 592.581**. Tribunal Pleno. DJe, 2 de fevereiro 2018. Disponível em http://www.stf.jus.br/arquivo/cms/noticiaNoticiaStf/anexo/RE580252LRB.pdf. Acesso em: 22 de dezembro de 2018.

______. **Supremo Tribunal Federal. Recurso Extraordinário nº 641.320**. Tribunal Pleno. Ministro Relator Gilmar Mendes. DJe, 11 de maio de 2016. Disponível em www.stf.jus.br. Acesso em: 22 de dezembro de 2017.

______. **Supremo Tribunal Federal. Habeas Corpus nº 123.641/SP**. Segunda Turma, Ministro Relator Ricardo Lewandowski. DJe, 20 de fevereiro de 2018. Disponível em www.stf.jus.br. Acesso em 20 de abril de 2018.

______. **Tribunal de Justiça do Rio Grande do Sul. Apelação na ação penal** nº 70022737506/RS. Disponível em: tjrs.jus.br. DJe, 15 de abril de 2009. Acesso em: 15 de dezembro de 2017.

______. **Tribunal de Justiça de Santa Catarina.** ***Habeas Corpus*** nº 0307626-89.2017.8.24.0023. Disponível em tjsc.jus.br. DJe, 12 de junho de 2018. Acesso em 10 de julho de 2018.

CÂMARA DOS DEPUTADOS. **Relatório CPI – Sistema Carcerário.** Disponível em http://bd.camara.leg.br/bd/handle/bdcamara/31899. Acesso em 23 de julho de 2018.

CARVALHO, Salo. **Pena e Garantias**. 3 ed. Rio de Janeiro: Editora Lumen Juris, 2008.

COIMBRA, Mário. **Progressão de regime.** In: PRADO, Luiz Regis; COIMBRA, Mário. Princípio da execução penal. In: PRADO, Luiz Regis; HAMMERSCHMIDT, Denise; MARANHÃO, Douglas Bonaldi. Direito de execução penal. 3. ed., São Paulo: Revista dos Tribunais, 2013.

CONJUR. Revista Consultor Jurídico: **Defensoria Pública propõe medidas sobre a execução penal.** Publicada em 14 de junho de 2016. Disponível em https://www.conjur.com.br/2016-jun-14/tribuna-defensoria-defensoria-publica-propoe-medidas-execucao-penal.

CONSELHO NACIONAL DE JUSTIÇA – CNJ. **GEOPRESÍDIOS.** Disponível em http://www.cnj.jus.br/inspecao_penal/mapa.php . Acesso em 19 de maio de 2018.

CONSELHO NACIONAL DE JUSTIÇA – CNJ. **Justiça em números.** 2017, ano base 2016. Disponível em http://www.cnj.jus.br/files/conteudo/arquivo/2017/12/b60a659e5d5cb79337945c1dd137496c.pdf. Acesso em 19 de maio de 2018.

CONSELHO NACIONAL DE JUSTIÇA – CNJ. **CNJ regulamenta Cadastro Nacional de Presos e a política de apoio e acolhimento das vítimas**. Reportagem publicada em 4 de setembro de 2018. Disponível em http://www.cnj.jus.br/noticias/cnj/87564-cnj-regulamenta-cadastro-nacional-de-presos-e-a-politica-de-apoio-e-acolhimento-das-vitimas. Acesso em 1 de outubro de 2018.

CONSELHO NACIONAL DE JUSTIÇA – CNJ. **Agência CNJ de Notícias. Levantamento dos Presos Provisórios do País e Plano de Ação dos Tribunais.** fevereiro de 2017. Disponível em: <http://www.cnj.jus.br/noticias/cnj/84371-levantamento-dos-presos-provisorios-do-pais-e-plano-de-a-cao-dos-tribunais>.

CONVENÇÃO AMERICANA DE DIREITOS HUMANOS. **Pacto de São José da Costa Rica.** Disponível em https://www.cidh.oas.org/basicos/portugues/c.convencao_americana.htm.

CORRÊA JUNIOR, Alceu. SHECAIRA, Sério Salomão. **Pena e constituição: aspectos relevantes para sua aplicação e execução.** São Paulo: Editora Revista dos Tribunais, 1995.

CRETELLA JÚNIOR, José. **O Estado e a obrigação de indenizar.** São Paulo: Saraiva, 1980.

DECLARAÇÃO UNIVERSAL DE DIREITOS HUMANOS. Disponível em https://www.ohchr.org/EN/UDHR/Documents/UDHR_Translations/por.pdf.

DEPEN. Dados do Departamento Penitenciário Nacional. **Relatório INFOPEN, 2014.** Disponível em http://www.justica.gov.br/news/mj-divulgara-novo-relatorio-do-infopen-nesta-terca-feira/relatorio-depen-versao-web.pdf. Acesso em 15 de dezembro de 2017.

DEPEN. Dados do Departamento Penitenciário Nacional. **Relatório INFOPEN, 2016/2017.** Disponível em http://www.justica.gov.br/news/ha-726-712-pessoas-presas-no-brasil/relatorio_2016_junho.pdf. Acesso em 18 de julho de 2018.

EBC. **Entenda a crise no sistema prisional brasileiro**. EBC, 24 jan. 2017. Disponível em: <http://www.ebc.com.br/especiais/entenda-crise-no-sistema-prisional-brasileiro>.

FELDENS, Luciano. **A Constituição penal: a dupla face da proporcionalidade no controle de normas penais.** Porto Alegre: Livraria do Advogado, 2005.

FERRAJOLI, Luigi. **Direito e razão: teoria do garantismo penal.** 3ª edição. São Paulo: Editora Revista dos Tribunais, 2002.

FIGUEIREDO, Marcelo; CONCI, Luiz Guilherme Arcaro (Coords.); GERBER, Konstantin (Org.). **Constitucionalismo multinível e pluralismo jurídico**. Rio de Janeiro: Lumen Juris, 2017.

FONSECA, J. J. S. **Metodologia da pesquisa científica**. Fortaleza: UEC, 2002.

FOUCAULT, Michel. **Vigiar e Punir: nascimento da prisão**. 30. ed. Petrópolis: Vozes, 2005.

FRANCO, Alverto Silva. **Código Penal e sua interpretação jurisprudencial**. 7.ed., São Paulo: Revista dos Tribunais, 2001, vol. 1.

G1.CE. **Presos fazem fuga em massa de presídio recém-inaugurado no Ceará**. G1 Ceará, 13 abr. 2018. Disponível em:<https://g1.globo.com/ce/ceara/noticia/presos-fazem-fuga-em-massa-de-presidio-de-presidio-recem-inaugurado-no-ceara.ghtml>.

GARAPON, Antonie. **O juiz e a democracia. O guardião das promessas**. Rio de Janeiro: Revan, 2001.

GUEDES, C. O. O mínimo existencial, a reserva do possível e o estado de coisas inconstitucional no Brasil: repercussões nos presídios brasileiros. In: Tainhah Simões Sales, Lucas Matos da Silva, Luana Adélia Araújo Martins (Org.). **Constituição e política no cenário de 2016: democracia, impeachment, STF e outras polêmicas**. 1ed. Curitiba: CRV, 2017, v. 1.

GRECO, Rogério. **Direitos humanos, sistema prisional e alternativas à privação de liberdade**. São Paulo: Saraiva, 2011.

GRECO, Rogério. **Sistema prisional. Colapso atual e soluções alternativas**. 3.ed. Rio de Janeiro: Impetus, 2016.

GIL, A. C. **Como elaborar projetos de pesquisa**. 4 ed. São Paulo: Atlas, 2007.

GÜNTHER, Jakobs, **Direito Penal no inimigo: noções e críticas** - Günther, Jakobs, Manuel Cancio Meliá; org. e trad. André Luís Callegari, Nereu José Giacomoli. 3. ed. – Porto Alegre: Livrado do Advogado Ed. 2008.

JAKOBS, Günther. **Direito penal do inimigo: noções e críticas.** 2ª ed. Trad. André Luís Callegari e Nereu José Giacomolli. Porto Alegre: Livraria do Advogado, 2007.

KARAM, Maria Lúcia. **Monitoramento eletrônico: a sociedade do controle. Boletim do Instituto Brasileiro de Ciências Criminais.** São Paulo, a. 14, n. 170, jan. 2007.

KERLINGER, F.N. **Metodologia da pesquisa em ciências sociais. Um tratamento conceitual**. São Paulo: E.P.U, 1988.

LOPES Jr., Aury e BADARÓ, Gustavo Henrique. **Direito ao Processo Penal no Prazo Razoável.** Rio de janeiro: Lumen Juris, 2006.

MAIA NETO, Cândido Furtado. **Direitos humanos do preso. Lei de execução penal** - Lei nº 7.210/84. 1 ed. Rio de Janeiro: Editora Forense, 1998.

MARTINS Costa, Judith. **Dano Moral à Brasileira**. In: PASCHOAL, Janaína Conceição; SILVEIRA, Renato de Mello Jorge (Coords). Livro Homenagem a Miguel Reale Júnior. Rio de Janeiro: GZ Editora, 2014.

MASCARENHAS, Oacir Silva. **A influência da mídia na produção legislativa penal brasileira**. Disponível em http://www.ambito-juridico.com.br/site/index.php?n_link=revista_artigos_leitura&artigo_id=8727. Acesso em: 13 de maio de 2018.

MATOS, João Carvalho de. **Prática e teoria do direito penal e processual penal**. 6 ed. São Paulo: Bookseller, 2006.

_______________. Prisão, liberdade e execução da pena. Teoria e prática. São Paulo: Servanda, 2011.

MAUS, Ingeborg. **O Judiciário como superego da sociedade: o papel da atividade jurisprudencial na "sociedade órfã"**. Trad. Martônio Lima e Paulo Albuquerque. Revista Novos Estudos CEBRAP, nº 58, nov, 2000.

MENDES, Conrado Huber. **PPP das prisões e a dívida constitucional** brasileira. O Estado de São Paulo. Opinião, 2013.

MENDES, Gilmar Ferreira; BRANCO, Paulo Gustavo Gonet; COELHO, Inocência Mártires. **Curso de direito constitucional**. 9ª ed. São Paulo: Saraiva, 2014.

MENDES, Gilmar Ferreira; PAIVA, Paulo. **Políticas públicas no Brasil: uma abordagem institucional**. São Paulo: Saraiva, 2017.

MONTENEGRO, Manuel Carlos. Agência CNJ de Notícias. Com BNMP 2.0, **CNJ reduz divergências sobre população carcerária.**, jan. 2018. Disponível em: <http://www.cnj.jus.br/noticias/cnj/85980-com-bnmp-2-0-cnj-reduz-divergencias-sobre-populacao-carceraria>.

MORAIS, Alexandre; SMANIO, Gianpaolo Poggio. **Legislação penal especial.** 10. ed., 2008.

NASCIMENTO. Priscila Cunha. **A judicialização do direito fundamental a um cárcere digno: reserva do possível *versus* efetividade.** Publicada em 2013. Dissertação de mestrado.

NERY JUNIOR, Nelson. **Princípios do processo na Constituição Federal.** 9ª ed. São Paulo: Revista dos Tribunais, 2009.

NUNES, Adeildo. **Da Execução Penal**. 1 ed. Rio de Janeiro: Forense, 2009.

OLIVEIRA, Fabiana Luci de; SILVIA, Virgínia Ferreira da. **Processos judiciais como fonte de dados: poder e interpretação**. Sociologias, Porto Alegre, ano 7, n. 13, jan/jun 2005.

OLIVEIRA, Marcia de Freitas. **O Princípio da Humanidade das Penas e o Alcance da proibição de Penas Cruéis.** Publicada em 2014. Dissertação de mestrado.

ONG Seguridad, Justicia y Paz. **Las 50 Ciudades Más Violentas del Mundo 2017**. Disponível em https://www.seguridadjusticiaypaz.org.mx/biblioteca/prensa/category/6-prensa.

NUCCI, Guilherme de Souza. **Direitos humanos *versus* segurança pública.** Rio de Janeiro: Forense, 2016.

PASTANA, Debora Regina. **Estado punitivo e encarceramento em massa. Retratos do brasil atual**. Revista Brasileira de Ciências Criminais: RBCCrim, v. 17, n. 77, mar./abr., 2009.

PEREIRA, Alexandre. **O Estado e o Direito de Punir.** Publicada em 2006. Disponível em http://repositorio.unb.br/bitstream/10482/2217/1/Alexandre%20Pereira%20da%20Rocha.pdf. Acesso em: 31 maio. 2018. Dissertação de mestrado.

PINHEIRO, Armando Castelar e SADDI, Jairo. **Direito, economia e mercados.** Rio de Janeiro: Elsevier, 2005.

PRADO, Luiz Regis; COIMBRA, Mário. **Princípio da execução penal.** In: PRADO, Luiz Regis; HAMMERSCHMIDT, Denise; MARANHÃO, Douglas Bonaldi. Direito de execução penal. 3. ed., São Paulo: Revista dos Tribunais, 2013.

POUPART, Jean; et all. **A pesquisa qualitativa – enfoques epistemológicos e metodológicos**. Rio de Janeiro: Vozes, 2008.

RAVAZZANO, Fernanda Lopes Baqueiro. **Execução penal e o mito da ressocialização: disfunções da pena privativa de liberdade.** 1. ed. Curitiba: Juruá, 2017. v. 1.

REALE Junio, Miguel. **Razão e subjetividade no direito penal.** São Paulo: Ciências penais, ano 1, n 00, 2004.

RESOLUÇÃO 663 C (XXIV) do Conselho Econômico e Social: **Regras Mínimas para o Tratamento dos Reclusos.** Disponível em: http://www2.camara.leg.br/atividade-legislativa/comissoes/comissoes-permanentes/cdhm/comite-brasileiro-de-direitos-humanos-e-politica-externa/RegMinTratRec.html.

ROXIN, Claus. **Derecho penal. Parte general: fundamentos, la estructura de la teoria del delito.** Tomo I: Tradução de Diego-Manuel Luzón Peña, Miguel Días y García Conlledo, Javier de Vicente Remesal. Madrid: Civitas, 1997.

SALVADOR NETTO, Alamiro Velludo. **Finalidades da pena, conceito material de delito e sistema penal integral.** Tese de Doutorado. São Paulo. Universidade Federal de São Paulo, 2008.

_______________. Teses jurídicas dos tribunais superiores. Volume 1. Direito Constitucional. São Paulo: Revista dos Tribunais, 2017, v.1. n.2, p 567-576.

SAMUEL, Fernando Oliveira. **O problema carcerário brasileiro e o judiciário: juízes são agentes de segurança pública? Reflexões sobre (in) coerência e alteridade**. Dissertação de mestrado. Brasília. Instituto de Direito Público, 2017.

SANTOS, B.S. (2003). **A Reinserção social dos reclusos – Um contributo para o debate sobre a reforma do sistema prisional**. Instituto das Tecnologias de Informação na Justiça, Bases Jurídico-Documentais, Universidade de Coimbra, 2003.

SARMENTO, Daniel (Org.) **A Constitucionalização do Direito: Fundamentos Teóricos e Aplicações Específicas.** Coordenadores. Rio de Janeiro: Lúmen Júris, 2007.

SILVA SÁNCHEZ, Jesús-María. A expansão do direito penal: aspectos da política criminal nas sociedades pós-industriais. 2. ed. São Paulo: Revista dos Tribunais, 2011.

SILVEIRA, Denise Tolfo; GERHARDT, Tatiana Engel (eds.). **Métodos de pesquisa.** Porto Alegre, RS: Editora da UFRGS, 2009.

SOARES E SOUZA, Taiguara Libano. **A era do grande encarceramento. Tortura e superlotação prisional no Rio de Janeiro**. Publicada em setembro de 2015. Tese de doutorado.

STRECK, Lenio Luiz. **O que é isto – decido conforme minha consciência?** 5. ed. rev. e atual de acordo com as alterações hemenêutico-processuais dos Códigos. Porto Alegre: Livraria do Advogado, 2015.

______________. **A dupla face do princípio da proporcionalidade e o cabimento do Mandado de Segurança em matéria criminal: superando o ideário liberal-individualista-clássico**. Disponível em http://www.egov.ufsc.br/portal/sites/default/files/anexos/15715-15716-1-PB.pdf. Acesso em 10 de maio de 2018.

SYDOW, **Spencer Toth. Retratos do regime semiaberto.** Revista magister de direito penal e processual penal. Porto Alegre, v. 10, n 56, p. 108, out, nov, 2013.

SUPREME COURT OF THE UNITED STATES. **Brown, Governor of California, at al. v. Plata et al: appeal from the United States District Courts for the eastern and northern Districts of California.** Disponível em: <https://www.supremecourt.gov/opinions/10pdf/09-1233.pdf>.

TAVARES, Ana Cláudia Ribeiro. **Possibilidade de intervenção do poder judiciário em caso de violação de direitos fundamentais.** Revista Eletrônica de Direito. 1º Simpósio sobre Constitucionalismo, Democracia e Estado de Direito, 2015, p. 992.

TEIXEIRA, Adriano. **Teoria da aplicação da pena: fundamentos para uma determinação judicial da pena proporcional ao fato.** São Paulo: Marcial Pons, 2015.

TOMAZELA, José Maria. **Presos incendeiam colchões e fazem rebelião em penitenciária de Lucélia.** Estadão São Paulo, 26, abr. 2018. Disponível em: <https://sao-paulo.estadao.com.br/noticias/geral,presos-incendeiam--colchoes-e-fazem-rebeliao-em-penitenciaria-de-lucelia,70002285263. Acesso em 16 de maio de 2018.

VALOIS, Luís Carlos. **Conflito entre ressocialização e o princípio da legalidade na execução penal.** Rio de Janeiro: Editora Lumen Juris, 2013.

VIEIRA JUNIOR, R. J. A. **Separação de Poderes, Estado de Coisas Inconstitucional e Compromisso Significativo: novas balizas à atuação do Supremo Tribunal Federal.** Brasília: Núcleo de Estudos e Pesquisas/CONLEG/Senado, Dezembro/2015 (Texto para Discussão nº 186). Disponível em: www.senado. leg.br/estudos.

VILA-NOVA, Daniel Augusto Diniz. ADPF 347/DF – Estado de Coisas Inconstitucional e Sistema Penitenciário: Critérios (Normativos e Institucionais) e a Proteção Judicial Efetiva em Sede de ADPF. In. Luiz Fux. (Org.) **Jurisdição Constitucional II: cidadania e direitos fundamentais.** Coordenação Valter Shuenquener Araujo. 1 ed. Belo Horizonte: Fórum, 2017.V2, Ex 2, pp. 111-117.

WACQUANT, L. **A aberração carcerária à moda francesa. Dados** – Revista de Ciências Sociais, Rio de Janeiro, v. 47, n. 2, p. 215-232, 2004.

XIMENES, Julia Maurmann. O levantamento de dados na pesquisa em direito – a técnica da análise de conteúdo. In: SILVEIRA, Vladmir Oliveira da (org.). **Anais do XX Congresso Nacional do CONPEDI**. Florianópolis: Fundação Boiteux, 2011.

ZAFFARONI, Eugenio Raúl; SLOKAR, Alejandro; ALAGIA, Alexandro. **Derecho penal: parte general.** Buenos Aires: Ediar Sociedad Anónima Editora, 2002.

________________. **O inimigo do Direito Penal**. Rio de Janeiro: Revan, 2007.

________________. **A palavra dos mortos: conferências de criminologia cautelar.** São Paulo: Saraiva, 2012.

________________. **Em busca das penas perdidas: a perda da legitimidade do sistema penal.** 5 ed. Rio de Janeiro: Revan, 2011.

ANEXO 1: INFORMAÇÕES PRESTADAS PELOS ESTADOS NA AUDIÊNCIA PÚBLICA RELACIONADA AO RECURSO EXTRAORDINÁRIO Nº 641.320.

Na Audiência Pública realizada no âmbito do Recurso Extraordinário nº 641.320, o Ministro Relator solicitou aos Estados as seguintes informações: (i) a quantidade de estabelecimentos penais apropriados, nos termos da Lei de Execução Penal, ao cumprimento de pena em regime aberto e semiaberto, bem como a capacidade de cada um deles e a lotação atual; (ii) a quantidade de presos, submetidos ao regime aberto e ao semiaberto, mas mantidos em regime fechado por falta de vagas em estabelecimento penal adequado; (iii) a quantidade de sentenciados mantidos sob o regime de prisão domiciliar por falta de vagas em estabelecimentos adequados aos regimes aberto e semiaberto; (iv) a quantidade de sentenciados em liberdade, provenientes dos regimes aberto e semiaberto, monitorados por meio de tornozeleiras eletrônicas; e (v) se há unidades prisionais em construção destinadas aos regimes aberto e semiaberto e o prazo previsto para a conclusão das obras[1].

1. A respeito da construção de presídios, vale realizar um adendo para esclarecer que, durante o voto, o Ministro Relator sugere a criação de presídios menores, que permitem a maior capilarização. O propósito é fazer com que as unidades sejam parte da estrutura urbana, das cidades, objetivando reduzir a resistência da comunidade à construção de novos estabelecimentos e intentando que o preso

Sendo assim, este anexo apresenta as contribuições de autoridades públicas e membros da sociedade civil que participaram da Audiência Pública, ocorrida no dia 28 de maio de 2013, no Supremo Tribunal Federal, bem como as informações dos ofícios informativos juntados aos autos do processo. Visando garantir a coerência metodológica, este anexo analisará apenas as informações prestadas pelos entes federativos que foram objeto de estudo no próximo capítulo 2, quais sejam os Estados de (i) Rio Grande do Sul; (ii) Tocantins; (iii) Ceará; (iv) São Paulo; e (v) Distrito Federal[2]. O objetivo dos dados deste anexo é o de confrontar com os apresentados em 2013, com os números atualizados que foram prestados no capítulo 3.

---

possa ter mais contato com sua família, o que facilita a ressocialização. Por outro lado, o que se vê no Brasil é que, quando ocorre obra pública destinada à criação de novos presídios, são construídos prédios grandes, nos padrões dos que já existem. Dados fornecidos pelo Instituto Brasileiro de Ciências Criminais (IBCCRIM) demonstram que o Estado de São Paulo, nos últimos 20 (vinte) anos, construiu mais de 120 prisões, em diversas cidades, e teve a taxa de encarceramento aumentada em 200%. O instituto afirma que a criação das novas unidades, além de ter ocasionado o consequente aumento da população carcerária, inviabilizou a realização de investimento, pelo governo, na infraestrutura dos presídios já existentes e até mesmo favoreceu o surgimento da organização criminosa denominada Primeiro Comando Capital – PCC. Ver Boletim IBCCRIM 293 – Abril/2017 – ISSN 1676-3661, p. 4.

2. Conforme explicado no capítulo 2, os Tribunais cujas jurisprudências serão analisadas no próximo capítulo foram escolhidos conforme o seguinte critério: selecionou-se um Tribunal de Justiça por Região (Norte, Nordeste, Centro-Oeste, Sudeste e Sul), com base na quantidade e relevância das decisões relaciondas à Súmula Vinculante nº 56. Feito esse recorte, analisar-se-á a situação dos seguintes Tribunais: (i) Tribunal de Justiça do Estado do Rio Grande do Sul (TJRS), por ser o Estado de onde adveio o recurso paradigma da Súmula Vinculante 56; (ii) Tribunal de Justiça do Estado do Tocantins (TJTO), tendo em vista ser o Estado do País que houve maior crescimento da população prisional entre 2005 e 2014; (iii) Tribunal de Justiça do Estado do Ceará (TJCE), considerando ser este o Estado com a maior quantidade de presos provisórios do Brasil; (iv) Tribunal de Justiça do Distrito Federal e Territórios (TJDFT), pois, a despeito de ser a unidade da Federação com maior Índice de Desenvolvimento Humano (IDH) do País, possui taxa de aprisionamento quase igual à do Estado de São Paulo; (v) Tribunal de Justiça do Estado de São Paulo (TJSP), por ser o Estado que comporta mais de 1/3 da população carcerária brasileira.

O *Estado do Rio Grande do Sul* apresentou relatório de informações carcerárias das unidades prisionais locais que apontavam a existência de 1.120 (mil cento e vinte) vagas ociosas nos estabelecimentos de regimes aberto e semiaberto[3-4]. Naquela ocasião, o Estado esclareceu que havia 54 (cinquenta e quatro) estabelecimentos de regimes aberto e semiaberto, com capacidade total para 5.445 (cinco mil quatrocentos e quarenta e cinco) presos e lotação de 4.325 (quatro mil trezentos e vinte e cinco). A Tabela 1 apresenta os dados fornecidos pelo Estado do Rio Grande do Sul:

Tabela 1- Relação: quantitativo de estabelecimentos adequados, capacidade total e lotação no Estado do Rio Grande do Sul

Estabelecimentos de regime semiaberto e aberto	54
Capacidade total dos 54 estabelecimentos (e anexos)	5.445
Lotação	4.325

Não obstante a existência de 1.120 (mil cento e vinte) vagas ociosas, o Estado informou que 374 (trezentos e setenta e quatro) presos que faziam *jus* ao cumprimento da pena nos regimes semiaberto e aberto, permaneciam no regime fechado; 40 (quarenta) presos cumpriam pena em regime domiciliar; e 397 (trezentos e noventa e sete) estavam cumprindo pena em liberdade, monito-

3. Se compararmos as informações prestadas pelo Estado (2013) com os dados apresentados pelo Conselho Nacional de Justiça (CNJ) (2017), verificamos, apesar de os dados serem relativos a anos diferentes, duas versões discrepantes. A comparação entre os dados apresentados pelo Governo do Estado do Rio Grande do Sul e pelo CNJ pode ser feita de duas maneiras: (i) o CNJ certifica que o ***déficit*** de vagas, incluindo o regime fechado, é de 2.958 vagas. Ou seja, dificilmente haveria 1.120 vagas disponíveis nos regimes aberto e semiaberto com um deficiente espaço para quase 3 mil detentos; a tabela do CNJ, de fato, mostra que há vagas disponíveis em alguns estabelecimentos, entretanto o somatório destas é de 179 vagas (incluindo o regime fechado).

4. BRASIL. Supremo Tribunal Federal. Recurso Extraordinário nº 641.320. Tribunal Pleno. Ministro Relator Gilmar Mendes, 11 mai. 2016.

rados por sistema de tornozeleira eletrônica, em razão da falta de vagas em estabelecimento penal adequado.

As informações gerais prestadas pelo Estado do Rio Grande do Sul estão organizadas na Tabela 2.

Tabela 2- Relação: quantitativo de presos relativamente aos regimes de cumprimento em que foram condenados e ao que estão submetidos efetivamente no Estado do Rio Grande do Sul

Quantidade de presos com direito ao cumprimento no semiaberto e aberto, mas que permanecem no regime fechado por falta de vagas	374
Quantidade de presos em prisão domiciliar em razão da falta de vagas no regime semiaberto e aberto	40
Quantidade de sentenciados que estão cumprindo pena em liberdade, monitorados com tornozeleira eletrônica	397

Do exame das informações prestadas pelo Governo do Estado do Rio Grande do Sul, pode-se afirmar que existiam 374 (trezentos e setenta e quatro) presos do regime semiaberto e aberto cumprindo pena em local destinado aos apenados do regime fechado.

Sobre o andamento da construção de unidades prisionais destinadas aos regimes aberto e semiaberto e o prazo previsto para a conclusão das obras, o Estado do Rio Grande do Sul informou que, em 19 de novembro de 2013, estavam em construção duas unidades[5].

Para uma compreensão ampliada da situação prisional no Rio Grande do Sul, os dados apresentados pelo Governo do Estado do Rio Grande do Sul devem ser complementados com trechos

5. A criação do Instituto Penal de Bagé, à época, com 20% da obra já executada, conclusão prevista para o mês de novembro de 2013 e ocupação para dezembro do mesmo ano, contava com o acréscimo de 108 vagas; e a do Anexo Instituto Penal Novo Hamburgo que, à época, estava em fase de finalização, com ocupação prevista para o mês de janeiro de 2014, o acréscimo de 150 vagas.

do depoimento do Defensor Público do Estado, Rafael Rafaeli, prestado durante a sessão plenária do julgamento do Recurso, em 12 de junho de 2016. A percepção da Defensoria Pública demonstra realidade diversa dos dados apresentados pelo Governo do Estado e expõe como o funcionamento do sistema prisional do Rio Grande do Sul vai de encontro aos preceitos constitucionais e à Lei de Execução Penal:

> [...] A situação no Rio Grande do Sul era a seguinte: as facções estavam determinando fuga para que abrissem vagas para o regime semiaberto e quem não cumprisse estava sujeito a pena capital...
>
> O que se fez em Porto Alegre então (na vara da Capital e região metropolitana)? se buscou deferir aos presos com pena até 4 (quatro) anos a prisão domiciliar, de 4 (quatro) até 8 (oito) anos, a domiciliar a prisão domiciliar com monitoramento eletrônico; de 8 (oito) a 15 (quinze anos), monitoramento eletrônico, desde que não tivesse contraindicação (cometimentos de delitos recentes, faltas graves, dentre outras situações); e mais de 15 (quinze) anos, aí sim, o cumprimento da pena em regime semiaberto. Mas ainda assim, as autoridades relatam nos recursos, que há falta de vagas em função da revisão, da reforma das decisões pelo tribunal de origem, das decisões que concederam prisão domiciliar. [...]
>
> Em Porto Alegre diminuíram as fugas em 28%; recente estatística do CNJ: apenas 4% dos presos que são liberados após a prisão em flagrante voltam a delinquir.
>
> O que isso significa? Que talvez o melhor caminho é pelo direito dos apenados, para que se melhore o sistema prisional. (STF, 2015)

Assim, conforme as informações prestadas pelo Governo e pela Defensoria Pública do Rio Grande do Sul, pode-se afirmar que a situação prisional do Estado do Rio Grande do Sul, à época da Audiência Pública, era, e continua sendo, dramática, com presídios superlotados e facções articulando fugas com o objetivo de abrir vagas no regime semiaberto.

Já o *Estado de Tocantins* relatou a existência de *déficit* de 45 (quarenta e cinco) vagas para o cumprimento de pena nos regimes aberto e semiaberto. De acordo com o Estado, o único estabelecimento com vagas em regime aberto e semiaberto tinha capacidade de 280 (duzentos e oitenta) vagas e lotação de 325 (trezentos e vinte e cinco) presos, dos quais 80 (oitenta) haviam sido condenados ao regime semiaberto e 245 (duzentos e quarenta e cinco) ao fechado. Por sua vez, 169 (cento e sessenta e nove) presos com direito a progressão para o regime semiaberto cumpriam pena em regime fechado e 21 (vinte e um) sentenciados ao regime aberto encontravam-se em regime fechado[6]. As Tabelas 3 e 4 sintetizam os dados apresentados pelo Estado do Tocantins:

Tabela 3- Relação: quantitativo de estabelecimentos adequados, capacidade total e lotação no Estado do Tocantins

Quantidade de estabelecimentos adequado para o cumprimento de pena em regime semiaberto	1
Capacidade	280
Lotação	325
Número de condenados no regime semiaberto que cumprem pena no local	80
Número de condenados no regime fechado que cumprem pena no local	245

Os dados da Tabela 4 revelam que, no Estado de Tocantins, existiam 190 (cento e noventa) presos que estavam cumprindo a sanção em regime mais gravoso ao qual haviam sido condenados ou progredidos, sendo que 169 (cento e sessenta e nove) presos condenados ou progredidos ao regime semiaberto estavam cumprindo pena no regime fechado e 21 (vinte e um) presos

6. BRASIL. Supremo Tribunal Federal. Recurso Extraordinário nº 641.320. Relator: Ministro Gilmar Mendes, 11 mai. 2016.

condenados ou progredidos ao regime aberto estavam em regime fechado, em clara violação aos pressupostos constitucionais, da Lei de Execução Penal e do Código Penal[7].

Tabela 4- Relação: quantitativo de presos que cumprem pena em regime mais gravoso no Estado do Tocantins

Presos condenados ou progredidos ao regime semiaberto, mas que estão cumprindo no regime fechado	169
Presos condenados ou progredidos ao regime aberto, mas que estão cumprindo no regime fechado	21

O Governo do Estado de Tocantins esclareceu, ainda, que não havia, no Estado, sentenciados com monitoramento eletrônico e que não possuía a informação relativa ao número de sentenciados mantidos em prisão domiciliar por falta de vagas nos regimes aberto e semiaberto. Relatou, ainda, que não havia previsão para a construção de novas unidades destinadas aos detentos condenados aos regimes aberto e semiaberto.

O que se pode verificar dos dados fornecidos pelo Estado de Tocantins é a evidente superlotação e o fato de 190 (cento e noventa) apenados estarem cumprindo pena em regime mais gravoso, ou seja, o fechado, sendo 169 (cento e sessenta e nove) condenados ao regime semiaberto e 21 (vinte e um) ao regime aberto. Ademais, o monitoramento eletrônico ainda não havia sido implementado no Estado e tampouco havia previsão para a construção de novos presídios.

O *Estado do Ceará* informou *déficit* de 2.039 (duas mil e trinta e nove) vagas no regime aberto, 97 (noventa e sete) vagas no semiaberto e 1.492 (mil quatrocentos e noventa e um) presos mantidos em regime fechado por falta de vagas em estabelecimen-

7. As regras sobre regime de cumprimento de pena e estabelecimento penal adequado foram tratadas nesta obra.

tos destinados ao semiaberto ou aberto. A Tabela 5 apresenta os dados fornecidos pelo Estado do Ceará[8]:

Tabela 5- Quantitativo de estabelecimentos adequados do regime semiaberto e aberto e capacidade

Regimes	Quantidade	Capacidade	Lotação	Déficit
Estabelecimentos de regime aberto	4	410	2.449	2.039
Estabelecimentos de regime semiaberto	1	712	809	97

A Tabela 6 demonstra o quantitativo de presos mantidos em regime fechado por falta de vagas nos regimes aberto e semiaberto:

Tabela 6- Relação: quantitativo de presos cumprindo pena nos regimes aberto e semiaberto no Estado do Ceará

Regimes ao quais foram condenados		Quantidade
Aberto		294
Semiaberto		1.198
	Cumprindo em cadeia pública	1.057
	Cumprindo no regime fechado	141
Total		1.492

De acordo com as informações prestadas pelo Governo do Estado do Ceará, os 294 (duzentos e noventa e quatro) presos,

8. Dados de 9.10.2013, disponível no Recurso Extraordinário nº 641.320 em eDOC 7, apenso 6, p. 86-104.

cumprindo pena no regime aberto, mas mantidos em regime mais gravoso por falta de vagas em estabelecimento adequado ao regime a que estão submetidos, estão em cadeias públicas, separados dos que cumprem pena em regime fechado, recolhendo-se somente nos finais de semana e durante a semana, à noite, em razão do trabalho externo.

Em relação aos condenados ao regime semiaberto, do total de 1.198 (mil cento e noventa e oito) presos, 1.057 (mil e cinquenta e sete) cumprem pena em cadeia pública[9]. Afirma-se, no ofício, que os presos cumprem trabalho externo durante o dia, de segunda à sexta-feira, e retornam todas as noites e nos fins de semana para a unidade. Os 141 (cento e quarenta e um) detentos restantes estão cumprindo pena em unidades do regime fechado.

A respeito da quantidade de sentenciados mantidos em prisão domiciliar por falta de vagas nos regimes aberto e semiaberto, o Estado do Ceará informou o total de 2.164 (dois mil, cento e sessenta e quatro) detentos. De acordo com a Tabela 7, dos condenados ou progredidos ao regime aberto, existem 2.043 (dois mil e quarenta e três) mantidos sob o regime de prisão domiciliar por falta de vagas em casa do albergado e, dos 121 (cento e vinte e um) condenados ou progredidos ao regime semiaberto, 96 (noventa e seis) cumprem pena, no regime de prisão domiciliar, fazendo o uso de tornozeleira eletrônica e 23 (vinte e três), no regime de prisão domiciliar, mas sem tornozeleira eletrônica. A Tabela 7 detalha a situação dos sentenciados mantidos em prisão domiciliar, com ou sem monitoramento eletrônico, no Estado do Ceará, por falta de vagas em estabelecimento adequado aos regimes aberto e semiaberto:

9. Artigo 102 da Lei de Execução Penal: Art. 102. A cadeia pública destina-se ao recolhimento de presos provisórios.

Tabela 7- Relação: quantitativo de presos relativamente aos regimes de cumprimento em que foram condenados e ao que estão submetidos efetivamente no Estado do Ceará

Regimes		Quantidade
Aberto		2.043
Semiaberto		121
	Semiaberto com domiciliar e tornozeleira[10]	96
	Sem tornozeleira	23
	Casa do albergado	2
Total		2.164

Portanto, além do incontroverso excesso de presos em relação ao número de vagas, verifica-se que existem 1.492 (mil quatrocentos e noventa e dois) presos, conforme demonstra a Tabela 6, submetidos ao regime semiaberto ou aberto, cumprindo pena em estabelecimento inadequado ao regime, ou seja, em cadeia pública ou penitenciária, o que viola o exposto na Constituição Federal, no Código Penal e na Lei de Execução Penal[11].

O Governo do Estado do Ceará informou, ainda, haver 839 (oitocentos e trinta e nove) apenados condenados ao regime semiaberto cumprindo a sanção no extinto presídio Instituto Penal Professor Olavo Oliveira I (IPPOO I) que não foram inseridos na estatística da planilha acima, tendo em vista que comparecem para assinar presença duas vezes por semana e se recolhem, posterior-

10. De acordo com informações do Governo do Estado do Ceará, 166 apenados estão em liberdade monitorados por tornozeleiras eletrônicas (1 no regime aberto e 165 no semiaberto).

11. As regras sobre regime de cumprimento de pena e estabelecimento penal adequado foram tratadas ao longo deste livro.

mente, em sua residência, não estando, portanto, em situação de prisão domiciliar.

Por fim, em resposta ao último questionamento, a respeito da existência de unidade prisional em construção destinada ao cumprimento dos regimes aberto e semiaberto e o prazo previsto para a conclusão das obras, informou-se que havia 1 (uma) unidade de regime semiaberto prevista para ser entregue em 540 (quinhentos e quarenta) dias, contados da data da ordem de serviço, que se deu no final de outubro de 2013[12].

Ainda sobre a situação do sistema carcerário cearense, faz-se necessário transcrever trechos do depoimento da defensora pública Aline Lima de Paula Miranda, prestado na Audiência Pública, relativa ao Extraordinário relativo à temática central desta obra, realizada no dia 27 de maio de 2013, no qual relata casos de mortes de detentos condenados ao regime semiaberto, mas que cumpriam pena em estabelecimentos fechados, em clara ofensa aos princípios da legalidade e da humanidade das penas:

> No estado do Ceará tenho presos do semiaberto falecendo no regime fechado. Um só que faleça cumprindo sua pena do regime semiaberto em unidade do fechado já é grave. E isso com a chancela do judiciário se torna mais grave ainda.
>
> Agora, no dia 11 março de 2013, oito homens morreram carbonizados queimados, em uma unidade de regime fechado que deveriam abrigar presos provisórios que deveriam estar no semiaberto, porque meu Estado não dispõe de colônia agrícola ou regime similar. [...]
>
> Os presos do regime semiaberto, na verdade, permanecem, via de regra, mantidos no mesmo espaço que os demais presos. Prologa o tempo de permanência do preso no ócio, porque essas unidades onde eles estão cumprindo o semiaberto de forma inadequada são absolutamente incompatíveis para que se pro-

12. Contrato de Construção nº 094/2013 em eDOC 7, apenso 6, p. 93-104.

> duza trabalho e educação para a maioria dos presos que teriam acesso caso estivessem em uma colônia agrícola industrial ou similar. Desestimula o interesse do preso à progressividade de sua pena, não ver perspectivas de melhoras e nós precisamos sempre acreditar em perspectivas de melhoras, é assim que nós conduzimos as nossas vidas. Isso também impacta diretamente na ressocialização. Ofensa ao princípio da razoabilidade porque não é razoável que diante da negligencia do estado um indivíduo só venha a pagar por isso, que dirá a comunidade do semiaberto cumprindo, conforme os dados relatados.
>
> Eu trouxe também algumas medidas paliativas que geram a aparência de legalidade a manutenção de apenados no regime semiaberto em estabelecimentos fechados. Eu trago estas medidas, com intuito, sobretudo de advertir que elas apenas escamoteiam a realidade e não solucionam e são medidas adotadas no meu Estado do Ceará.
>
> Transformaram uma unidade construída para presos provisórios (que é o IPPO II), a pretexto de dar uma certa legalidade ao cumprimento de suas penas semiaberto, transformaram no papel essa unidade em uma colônia. Ela foi construída arquitetonicamente e prevista para uma unidade de regime de presos provisórios e, no entanto, por uma portaria, foi transmudada em uma colônia. Contudo, não disponibiliza trabalho e os presos permanecem sim no regime fechado. E haveria o pretexto de dizer que é uma situação paliativa para minimizar os danos da existência da colônia até que o Estado construa a colônia, porque lá vai ter só presos do regime semiaberto. Mas com a superprodução que nós vemos no sistema carcerário e é em todos os Estados, é claro que lá não se permanece exclusivamente presos de semiaberto. E temos dados de 120 presos do regime fechado também nessa unidade prisional. [...] (STF, MIRANDA, 2013)

Outro significativo esclarecimento do Estado refere-se ao depoimento da Defensora Pública. Ela atesta que 1 (uma) das unidades, criada para abrigar os presos provisórios, foi transformada, apenas em tese, mediante uma Portaria, em unidade do regime semiaberto. Na prática, os presos permanecem como se submetidos ao regime fechado, mas com disponibilidade de trabalho. Todas essas informações demonstram a problemática do sistema carcerário no Estado do Ceará.

Já no *Estado de São Paulo*, informou-se que a capacidade dos 59 (cinquenta e nove) estabelecimentos de regime semiaberto é 19.317 (dezenove mil trezentos e dezessete) vagas e a lotação, na data em que foram prestadas as informações (16 de outubro de 2013), era de 23.486 (vinte e três mil quatrocentos e oitenta e seis) presos, a indicar o *déficit* de quase 20% (vinte por cento). Ademais, 7.921 (sete mil novecentos e vinte e um) condenados ao regime semiaberto eram mantidos em presídios, ou seja, em estabelecimento destinado ao regime fechado, por falta de vagas em estabelecimento adequado, o que demonstra o desrespeito ao que prescreve a Constituição Federal, a Lei de Execução Penal e o Código Penal[13]. A Tabela 8 demonstra a quantidade de presos por cada um dos regimes de cumprimento de pena:

Tabela 8- Relação: quantitativo de presos em relação ao regime de cumprimento de pena ao qual foram condenados no Estado de São Paulo

Quantidade de presos em São Paulo	200.000
Quantidade de presos no regime fechado	177.349 (incluindo provisórios)
Quantidade de presos no regime semiaberto	23.486, sendo que 7.921 estão cumprindo a pena em penitenciárias
Regime aberto	Não há no Estado estabelecimentos para os apenados submetidos ao regime aberto

Em relação ao regime semiaberto, são 59 (cinquenta e nove) unidades, sendo Centros de Progressão Penitenciária, Alas de Pro-

13. As regras sobre regime de cumprimento de pena e estabelecimento penal adequado foram tratadas nesta obra.

gressão Penitenciária e anexos de regime semiaberto distribuídos na conforme a Tabela 9 a seguir[14]:

Tabela 9- Relação: quantitativo do ***déficit*** de vagas em estabelecimento adequado ao cumprimento da pena em regime semiaberto no Estado de São Paulo

Capacidade das 59 unidades de semiaberto	19.319 vagas
Lotação em 2013	23.486 presos
Déficit	17,71%

As Tabelas 8 e 9 comprovam que, comparados aos Estados analisados anteriormente, o Estado de São Paulo, tendo em vista que possui a maior população carcerária do Brasil, apresenta os problemas mais graves em relação ao *déficit* de vagas, tanto no regime fechado quanto no semiaberto.

Corroborando essa problemática, a Tabela 10 revela a quantidade de presos, condenados aos regimes aberto ou semiaberto, mas mantidos em regime mais gravoso:

Tabela 10- Relação: quantitativo de presos relativamente aos regimes de cumprimento em que foram condenados e ao que estão submetidos efetivamente no Estado de São Paulo

Condenados no semiaberto, mantidos no fechado por falta de vagas no semiaberto	7.921 presos
Condenados no aberto, mantidos no fechado por falta de vagas do aberto	Estado de São Paulo não possui essa informação
Condenados mantidos em prisão domiciliar por falta de vagas nos regimes aberto e semiaberto	Estado de São Paulo não possui essa informação

14. Dados apresentados em 19.09.2013, disponível em eDOC 7, p. 105-111.

Sobre a expansão das vagas, o Governo do Estado de São Paulo noticiou a criação de programa de expansão e modernização do sistema prisional que prevê a criação de 8 (oito) penitenciárias destinadas à custódia de mulheres, 12 (doze) centros de detenção provisória para homens, 22 (vinte e duas) penitenciárias e 7 (sete) centros de progressão penitenciária, ou seja, o total de 49 (quarenta e nove) estabelecimentos penais com o objetivo de criar quase 40 mil vagas[15].

No tocante à situação do sistema carcerário do Estado de São Paulo, a defensora pública Daniela Cembranelli, na Audiência Pública realizada no dia 27 de maio de 2013, destacou que o número de *Habeas Corpus* impetrados no ano de 2012, frente ao Superior Tribunal de Justiça (STJ), foi de aproximadamente 6.000 (seis mil). Alertou que *writs* que tramitam no STJ levam, em média, 9 (nove) meses para a conclusão e, no TJSP, levam, em média, 1 (um) ano. Significa dizer que o desfecho do processo se dá em 2 (dois) anos. Assim, reforça-se a importância da edição de Súmula Vinculante sobre o tema da superlotação carcerária, no intuito de evitar a violação dos direitos dos presos.

Em relação ao maior Estado do País, de todas as informações prestadas, um dado chama mais a atenção. Existem 7.921 (sete mil novecentos e vinte e um) presos, condenados ao regime semiaberto, que estão mantidos no regime fechado por falta de vagas em estabelecimento adequado no regime intermediário. Um número alarmante, se levarmos em conta os diversos problemas que podem decorrer desse excesso e a consequente perda de controle dos estabelecimentos penais por parte do Estado.

15. De acordo com as informações prestadas, 21(vinte e uma) unidades já foram inauguradas desde 2010, 12 (doze) estão com obras em andamento, 2 (duas) em processo de execução de terraplenagem, 3 (três) em edição de Decreto de utilidade pública, 7 (sete) em trâmites administrativos ou judiciais e 8 (oito) em estudo.

No caso do *Distrito Federal*, o Governo informou[16] que 935 (novecentos e trinta e cindo) presos condenados ao regime semiaberto cumpriam pena em estabelecimentos destinados ao regime fechado. Naquela ocasião, eles estavam na Penitenciária do Distrito Federal II (PDF II), presídio com capacidade para 1.464 (mil quatrocentos e sessenta e quatro) vagas, ocupadas por apenados dos regimes fechado e semiaberto[17].

Em relação à quantidade de presos, condenados ao regime semiaberto, que estão cumprindo pena em estabelecimento de regime fechado, o governo distrital informou que são 935 (novecentos e trinta e cinco), fato contrário ao texto expresso da Constituição Federal e de leis infraconstitucionais de execução penal a respeito do cumprimento adequado da sanção[18]. A Tabela 11 apresenta a quantidade de vagas, lotação e *déficit* nos estabelecimentos destinados ao cumprimento de pena do regime semiaberto:

Tabela 11- Relação: quantitativo de estabelecimentos prisionais, categorizados por classe, no Distrito Federal

Unidade prisional do semiaberto	Quantidade de vagas	Lotação atual	*Déficit*
Centro de internamento e reeducação – CIR- Semiaberto, sem trabalho externo	793	1.062	269
Penitenciária feminina do DF- PFDF –Ala de Semiaberto e destinados àqueles em medida de segurança	170	226	56
CPP-Semiaberto, com trabalho externo	1.200	1.255	55

16. Dados apresentados em 19 de setembro de 2013, disponível em eDOC 7, apenso 6, p. 83-84.
17. Entretanto, dados do CNJ de 2017 demonstram que a quantidade de presos do regime nesta penitenciária é de no DF é de 3.675. Ou seja, o *déficit* é e 2.218 vagas.
18. As regras sobre regime de cumprimento de pena e estabelecimento penal adequado foram tratadas nesta obra.

Do conjunto de informações prestadas pelas cinco entes federativos[19] – Rio Grande do Sul, Tocantins, Ceará, São Paulo e Distrito Federal –, tem-se a seguinte tabela relativa à quantidade de detentos que estavam cumprindo pena em regime mais gravoso[20]:

Tabela 12- Relação: quantitativo de presos que estão cumprindo a pena em estabelecimento inadequado no Distrito Federal

Estado	Quantidade de presos com direito ao regime semiaberto e aberto, mas que estão no regime fechado
Rio Grande do Sul	374[21]
Tocantins	190[22]
Ceará	1.492[23]
São Paulo	7.921[24]
Distrito Federal	935[25]

19. Os dados apresentados foram colhidos por cada Estado no ano de 2013.
20. Dados do Departamento Penitenciário Nacional (DEPEN), de 2014, de todo o Brasil, demonstram que são 32.460 (trinta e dois mil, quatrocentos e sessenta) apenados com direito à progressão, mas que estão no regime fechado por falta de vagas no semiaberto.
21. O Estado apresentou o número total, incluindo semiaberto e aberto.
22. São 21 do regime aberto e 169 do regime semiaberto. Total de 190.
23. São 294 do regime aberto e 1.198 do regime semiaberto. Total de 1.492.
24. O número corresponde aos condenados no regime semiaberto. O Estado afirmou que não possui informações de condenados em regime aberto, mas que estão mantidos no fechado.
25. O número corresponde aos condenados no regime semiaberto.

ANEXO 2: TABELAS COM OS POSICIONAMENTOS DOS MAGISTRADOS QUANTO À APLICAÇÃO OU NÃO DA SÚMULA VINCULANTE Nº 56 E/OU A CONCESSÃO DE SAÍDA ANTECIPADA

Tabela 1 – TRIBUNAL DE JUSTIÇA DO RIO GRANDE DO SUL- Relação: quantitativo de processos relativos à Súmula Vinculante nº 56, por desembargador relator do TJRS, e dos casos de concessão ou não de saída antecipada.

Resultado por voto do relator em cada caso		
Cristina Pereira Gonzales	14 processos sobre a Súmula	
	13 concedendo a saída antecipada	1 não concedendo saída antecipada
Rosaura Marques Borba	1 processo sobre a Súmula	
	1 concedendo a saída antecipada	0 não concedendo a saída antecipada
Vanderlei Teresinha Tremeia Kubiak	1 processo sobre a Súmula	
	1 concedendo a saída antecipada	não concedendo a saída antecipada
Sylvio Baptista Neto	10 processos sobre a Súmula	
	10 concedendo a saída antecipada	0 não concedendo a saída antecipada

Resultado por voto do relator em cada caso		
Lizete Andreis Sebben	3 processos sobre a Súmula	
	1 concedendo a saída antecipada	2 não concedendo a saída antecipada
Dálvio Leite Dias Teixeira	2 processos sobre a Súmula	
	1 concedendo a saída antecipada	1 não concedendo a saída antecipada
Cláudia Maria Hardt	2 processos sobre a Súmula	
	2 concedendo a saída antecipada	0 não concedendo a saída antecipada
Genacéia da Silva Alberton	1 processos sobre a Súmula	
	1 concedendo a saída antecipada	0 não concedendo a saída antecipada
Julio Cesar Finger	1 processo sobre a Súmula	
	1 concedendo a saída antecipada	0 não concedendo a saída antecipada
Fabianne Breton Baisch	4 processos sobre a Súmula	
	0 concedendo a saída antecipada	4 não concedendo a saída antecipada

Tabela 2- TRIBUNAL DE JUSTIÇA DO TOCANTINS- Relação: quantitativo de processos relativos à Súmula Vinculante nº 56, por desembargador relator do TJTO, e dos casos de aplicação da Súmula e/ou concessão de saída antecipada

Resultado por votos dos relatores		
Ângela Prudente	Processos sobre a Súmula	
	1 concedendo a saída antecipada	0 aplicando outros pressupostos da Súmula
		0 não aplicando os pressupostos da Súmula

Resultado por votos dos relatores		
Helvécio de Brito Maia Neto	Processo sobre a Súmula	
	0 concedendo a saída antecipada	0 aplicando outros pressupostos da Súmula
		1 não aplicando os pressupostos da Súmula
Marco Villas Boas	Processo sobre a Súmula	
	0 concedendo a saída antecipada	3 aplicando outros pressupostos da Súmula
		não aplicando os pressupostos da Súmula
Etelvina Maria Sampaio Felipe	Processos sobre a Súmula	
	0 concedendo a saída antecipada	2 aplicando outros pressupostos da Súmula
		não aplicando os pressupostos da Súmula
Maysa Vendramini Rosal	Processos sobre a Súmula	
	0 concedendo a saída antecipada	0 aplicando outros pressupostos da Súmula
		1 não aplicando os pressupostos da Súmula

Tabela 3 – TRIBINAL DE JUSTIÇA DO CEARÁ- Relação: quantitativo de processos relativos à Súmula Vinculante nº 56, por desembargador relator do TJCE, e dos casos de aplicação da Súmula e/ou concessão de saída antecipada

Resultado por votos dos relatores		
José Tarcílio Souza da Silva	3 processos sobre a Súmula	
	3 concedendo a saída antecipada	0 aplicando outros pressupostos da Súmula 0 não aplicando os pressupostos da Súmula
Antônio Pádua Silva	3 processos sobre a Súmula	
	3 concedendo a saída antecipada	0 aplicando outros pressupostos da Súmula 0 não aplicando os pressupostos da Súmula
Haroldo Correira de Oliveira Máximo:	2 processos sobre a Súmula	
	2 concedendo a saída antecipada	0 aplicando outros pressupostos da Súmula 0 não aplicando os pressupostos da Súmula
Francisca Adelineide Viana	5 processos sobre a Súmula	
	4 concedendo a saída antecipada	1 aplicando outros pressupostos da Súmula 0 não aplicando os pressupostos da Súmula

Resultado por votos dos relatores		
Raimundo Nonato Silva Santos	5 processos sobre a Súmula	
	0 concedendo a saída antecipada	4 aplicando outros pressupostos da Súmula
		1 não aplicando os pressupostos da Súmula

Tabela 4- TRIBUNAL DE JUSTIÇA DO ESTADO DE SÃO PAULO- Relação: quantitativo de processos relativos à Súmula Vinculante nº 56, por desembargador relator do TJSP, e dos casos de aplicação da Súmula e/ou concessão de saída antecipada

Resultado por votos dos relatores		
Luiz Antonio Cardoso	Processos sobre a Súmula	
	3 concessão de saída antecipada de forma imediata	0 aplicação da Súmula em outros pontos
	0 Transferir para semiaberto, caso não seja possível, conceder saída antecipada	0 não aplicação da Súmula
	0 não aplicação da Súmula	
Laerte Marrone	Processo sobre a Súmula	
	1 concedendo a saída antecipada	0 aplicação da Súmula em outros pontos
	2 Transferir para semiaberto, caso não seja possível, conceder saída antecipada	0 não aplicação da Súmula

Resultado por votos dos relatores		
Paulo Rossi	Processo sobre a Súmula	
	0 concedendo a saída antecipada 10 Transferir para semiaberto, caso não seja possível, conceder saída antecipada	0 aplicação da Súmula em outros pontos 0 não aplicação da Súmula
Borges Pereira	Processos sobre a Súmula	
	0 concedendo a saída antecipada 0 Transferir para semiaberto, caso não seja possível, conceder saída antecipada	1 aplicação da Súmula em outros pontos 0 não aplicação da Súmula
Eduardo Abdala	Processos sobre a Súmula	
	0 concedendo a saída antecipada 0 Transferir para semiaberto, caso não seja possível, conceder saída antecipada	1 aplicação da Súmula em outros pontos 0 não aplicação da Súmula
Silmar Fernandes	Processos sobre a Súmula	
	0 concedendo a saída antecipada 0 Transferir para semiaberto, caso não seja possível, conceder saída antecipada	1 aplicação da Súmula em outros pontos 0 não aplicação da Súmula

Resultado por votos dos relatores		
Sérgio Coelho	Processos sobre a Súmula	
	0 concedendo a saída antecipada 0 Transferir para semiaberto, caso não seja possível, conceder saída antecipada	5 aplicação da Súmula em outros pontos 0 não aplicação da Súmula
Camargo Aranha Filho	Processos sobre a Súmula	
	0 concedendo a saída antecipada 0 Transferir para semiaberto, caso não seja possível, conceder saída antecipada	6 aplicação da Súmula em outros pontos 0 não aplicação da Súmula
Encinas Manfré	Processos sobre a Súmula	
	0 concedendo a saída antecipada 1 Transferir para semiaberto, caso não seja possível, conceder saída antecipada	0 aplicação da Súmula em outros pontos 0 não aplicação da Súmula
Guilherme G. Strenger	Processos sobre a Súmula	
	2 concedendo a saída antecipada 1 Transferir para semiaberto, caso não seja possível, conceder saída antecipada	0 aplicação da Súmula em outros pontos 0 não aplicação da Súmula

Resultado por votos dos relatores		
Reinaldo Cintra	Processos sobre a Súmula	
	2 concedendo a saída antecipada 1 Transferir para semiaberto, caso não seja possível, conceder saída antecipada	4 aplicação da Súmula em outros pontos 0 não aplicação da Súmula
Francisco Bruno	Processos sobre a Súmula	
	0 concedendo a saída antecipada 0 Transferir para semiaberto, caso não seja possível, conceder saída antecipada	4 aplicação da Súmula em outros pontos 0 não aplicação da Súmula
Péricles Piza	Processos sobre a Súmula	
	0 concedendo a saída antecipada 0 Transferir para semiaberto, caso não seja possível, conceder saída antecipada	1 aplicação da Súmula em outros pontos 0 não aplicação da Súmula
Alex Zilenovski	Processos sobre a Súmula	
	0 concedendo a saída antecipada 0 Transferir para semiaberto, caso não seja possível, conceder saída antecipada	1 aplicação da Súmula em outros pontos 0 não aplicação da Súmula

Resultado por votos dos relatores		
De Paula Santos	Processos sobre a Súmula	
	0 concedendo a saída antecipada 0 Transferir para semiaberto, caso não seja possível, conceder saída antecipada	5 aplicação da Súmula em outros pontos 0 não aplicação da Súmula
Cesar Mecchi Morales	Processos sobre a Súmula	
	0 concedendo a saída antecipada 0 Transferir para semiaberto, caso não seja possível, conceder saída antecipada	1 aplicação da Súmula em outros pontos 0 não aplicação da Súmula
Ivo de Almeida	Processos sobre a Súmula	
	0 concedendo a saída antecipada 1 Transferir para semiaberto, caso não seja possível, conceder saída antecipada	1 aplicação da Súmula em outros pontos 0 não aplicação da Súmula
Luiz Fernando Vaggione	Processos sobre a Súmula	
	4 concedendo a saída antecipada 0 Transferir para semiaberto, caso não seja possível, conceder saída antecipada	0 aplicação da Súmula em outros pontos 0 não aplicação da Súmula

Resultado por votos dos relatores		
Sérgio Ribas	Processos sobre a Súmula	
	3 concedendo a saída antecipada 0 Transferir para semiaberto, caso não seja possível, conceder saída antecipada	0 aplicação da Súmula em outros pontos 0 não aplicação da Súmula
Marcelo Gordo	Processos sobre a Súmula	
	0 concedendo a saída antecipada 0 Transferir para semiaberto, caso não seja possível, conceder saída antecipada	3 aplicação da Súmula em outros pontos 0 não aplicação da Súmula
França Carvalho	Processos sobre a Súmula	
	0 concedendo a saída antecipada 0 Transferir para semiaberto, caso não seja possível, conceder saída antecipada	4 aplicação da Súmula em outros pontos 0 não aplicação da Súmula
Luis Soares de Melo	Processos sobre a Súmula	
	2 concedendo a saída antecipada 0 Transferir para semiaberto, caso não seja possível, conceder saída antecipada	1 aplicação da Súmula em outros pontos 0 não aplicação da Súmula

Resultado por votos dos relatores		
Osni Pereira	Processos sobre a Súmula	
	0 concedendo a saída antecipada 0 Transferir para semiaberto, caso não seja possível, conceder saída antecipada	1 aplicação da Súmula em outros pontos 0 não aplicação da Súmula
Paiva Coutinho	Processos sobre a Súmula	
	3 concedendo a saída antecipada 0 Transferir para semiaberto, caso não seja possível, conceder saída antecipada	0 aplicação da Súmula em outros pontos 0 não aplicação da Súmula
Otávio de Almeida Toledo	Processos sobre a Súmula	
	2 concedendo a saída antecipada 0 Transferir para semiaberto, caso não seja possível, conceder saída antecipada	0 aplicação da Súmula em outros pontos 0 não aplicação da Súmula
Geraldo Wohlers	Processos sobre a Súmula	
	1 concedendo a saída antecipada 0 Transferir para semiaberto, caso não seja possível, conceder saída antecipada	0 aplicação da Súmula em outros pontos 0 não aplicação da Súmula

Resultado por votos dos relatores		
Ricardo Sale Junior	Processos sobre a Súmula	
	0 concedendo a saída antecipada 0 Transferir para semiaberto, caso não seja possível, conceder saída antecipada	3 aplicação da Súmula em outros pontos 0 não aplicação da Súmula
Sérgio Coelho	Processos sobre a Súmula	
	0 concedendo a saída antecipada 0 Transferir para semiaberto, caso não seja possível, conceder saída antecipada	6 aplicação da Súmula em outros pontos 0 não aplicação da Súmula
Damião Cogan	Processos sobre a Súmula	
	2 concedendo a saída antecipada 0 Transferir para semiaberto, caso não seja possível, conceder saída antecipada	0 aplicação da Súmula em outros pontos 0 não aplicação da Súmula
Pinheiro Franco	Processos sobre a Súmula	
	2 concedendo a saída antecipada 0 Transferir para semiaberto, caso não seja possível, conceder saída antecipada	0 aplicação da Súmula em outros pontos 1 não aplicação da Súmula

Resultado por votos dos relatores		
Mario Devienne Ferraz	Processos sobre a Súmula	
	0 concedendo a saída antecipada 0 Transferir para semiaberto, caso não seja possível, conceder saída antecipada	0 aplicação da Súmula em outros pontos 1 não aplicação da Súmula
Ivan Sartori	Processos sobre a Súmula	
	0 concedendo a saída antecipada 0 Transferir para semiaberto, caso não seja possível, conceder saída antecipada	0 aplicação da Súmula em outros pontos 3 não aplicação da Súmula

Tabela 5- TRIBUNAL DE JUSTIÇA DO DISTRITO FEDERAL- Relação: quantitativo de processos relativos à Súmula Vinculante nº 56, por desembargador relator do TJDFT, e dos casos de aplicação da Súmula e/ou concessão de saída antecipada

Resultado por votos dos relatores		
Maria Ivatônia	Processos sobre a Súmula	
	0 concedendo a saída antecipada	1 processo para transferir para regime semiaberto
Romão C Oliveira	Processo sobre a Súmula	
	0 concedendo a saída antecipada	2 denegando a ordem em razão do cumprimento de pena em penitenciária, mas em ala destinada ao regime semiaberto

Resultado por votos dos relatores		
Waldir Leôncio Lopes Junior	Processo sobre a Súmula	
	0 concedendo a saída antecipada	1 denegando a ordem em HC coletivo
Silvanio Barbosa dos Santos	Processos sobre a Súmula	
	0 concedendo a saída antecipada	2 denegando a ordem em razão do cumprimento de pena em penitenciária, mas em ala destinada ao regime semiaberto